浙江少年文学新星丛书·第九辑

海飞 主编

此去经年

〈 书雅少年 著 〉

浙江工商大学出版社
ZHEJIANG GONGSHANG UNIVERSITY PRESS
·杭州·

图书在版编目(CIP)数据

此去经年 / 书雅少年著. —杭州:浙江工商大学
出版社,2024.6
(浙江少年文学新星丛书 / 海飞主编. 第九辑)
ISBN 978-7-5178-6042-6

Ⅰ.①此… Ⅱ.①书… Ⅲ.①作文—小学—选集
Ⅳ.①H194.4

中国国家版本馆 CIP 数据核字(2024)第 102874 号

此去经年
CI QU JING NIAN
书雅少年 著

责任编辑	沈明珠	
责任校对	沈黎鹏	
封面设计	潘　洋	
责任印制	包建辉	
出版发行	浙江工商大学出版社	
	(杭州市教工路198号　邮政编码310012)	
	(E-mail:zjgsupress@163.com)	
	(网址:http://www.zjgsupress.com)	
	电话:0571-88904980,88831806(传真)	
排　　版	杭州朝曦图文设计有限公司	
印　　刷	杭州高腾印务有限公司	
开　　本	880mm×1230mm　1/32	
印　　张	7.25	
字　　数	120千	
版印次	2024年6月第1版　2024年6月第1次印刷	
书　　号	ISBN 978-7-5178-6042-6	
定　　价	49.80元	

作者简介

鲁奕含，就读于绍兴市北海小学五年级(9)班，是个活泼可爱的阳光女孩。有明确的学习目标，德智体美全面发展，画画、唱歌、朗诵都是强项。曾获第十七届全国青少年冰心文学大赛一等奖，第十六届浙江省少年文学之星征文比赛二等奖，第十八届全国青少年冰心文学大赛一等奖，作品多次刊登在《少年文学之星》《少年作家》《全国青少年冰心文学大赛获奖作品选》上。认真做好每一件事，铭记鲁迅"不满是向上的车轮"的名言，努力提高个人素质。

　　于徐浩,就读于浙江省绍兴市鲁迅小学五年级(1)班,是一个阳光幽默的男生。借节假日游玩名胜古迹,同时也有文静的一面,喜欢在书中畅游,曾在第十八届全国青少年冰心文学大赛浙江省征稿中获一等奖,有文章刊登在2021年6月《少年文学之星》上,在"有家杯"第十五届浙江省少年文学之星征文比赛小学A组中荣获优秀奖。这一次次成功,勉励着他,使他更上一层楼。

　　章奕，就读于绍兴市北海小学五年级(10)班，是一个温柔沉静的女生。喜欢阅读，在阅读中品味书香、走近人物；喜欢艺术，在音乐中感受韵律、表达情感；更喜欢旅游，在山水中亲近自然、感悟人生。曾获第十六届和第十八届全国青少年冰心文学大赛省级一等奖，作品曾在《少年文学之星》《树人导报》上发表。"读万卷书，行万里路"，希望不断进步，在成长的道路上"奕奕"发光。

　　沈鉴峰，就读于绍兴市鲁迅小学五年级(10)班，爱好文学，喜欢把情绪流泻至笔尖，喜欢阅读、书法，也喜欢写作。曾获鲁迅青少年文学奖优秀奖、第二十一届"新作文杯"中小学生放胆作文大赛小学组三等奖、第十七届全国青少年冰心文学大赛三等奖与第十八届全国青少年冰心文学大赛一等奖。其作文曾被刊登在《少年文学之星》上，曾被评为第二十四届"语文报杯"全国中小学生作文大赛小学组优秀作品。《"桥乡"绍兴新启航》和《做阳光少年，共建清朗校园》被佳作网评为优秀作品，多篇文章被编入校园杂志。本人曾多次被评为学校"美德少年""五星级学生"，是学校语文学科学习的佼佼者。刘禹锡说："千淘万漉虽辛苦，吹尽狂沙始到金。"坚信只要一直坚持下去，一定能取得成功，成为沙砾中耀眼的金子。

　　俞玥滢,就读于绍兴市鲁迅小学五年级(6)班,是一名自信、开朗、友善、积极向上的学生。擅长古筝、书法,爱参加合唱等文艺活动,也热衷于羽毛球、游泳、徒步等各类运动。酷爱旅游,希望能游览各地美景,体味各种风土人情。热爱阅读,认为阅读能给人力量,让自己变得更辽阔。曾获第十八届全国青少年冰心文学大赛省级预选一等奖,作品《即将消失的小泉溪村》曾入编《全国青少年冰心文学大赛获奖作品选》,并有多篇作品发表在《学习报》等刊物上。"读万卷书,行万里路",用手中的笔,记录生活中的美好和温暖,继续奔赴光明的远方。

周懿涵,就读于绍兴市北海小学五年级(3)班,是一个动静兼有、张弛有度的女生。平时喜欢看书,每天半小时的阅读雷打不动,至今已阅读过的文学图书不下一百册。闲暇时,喜欢弹琴、绘画。节假日,经常会去登登山,领略自然之壮美;走走古街,体味历史之印记。这些积累,使作文更加丰满。《回味成长》入选《全国青少年冰心文学大赛优秀作品选》,《又见面了! 家乡》被评为第十八届全国青少年冰心文学大赛优秀作品,《沈园游记》入编《新作文·冰心少年文学》,《海洋公园》获第二十届《语文报》"1+1"全国小学生读写大赛金奖,《秋的华尔兹》获第二十一届"新作文杯"中小学生放胆作文大赛小学组三等奖。此外,《鸡医生过河》《小蚂蚁搬骨头》《我的植物朋友》等十多篇作品先后在当地报纸上发表。"以书为友,志存高远",未来路上,将更坚毅地向前迈进!

鲁寒舍

▲2019年1月　　　　　▲2021年3月

▼2022年1月

第二届"北海少年校长奖"

颁奖典礼

2022年5月▶

318 ROUTE

MUST GO IN YOUR LIFE

此生必驾

上海-西藏
5476KM

慈渡coffee·布达拉宫店

拉萨海拔3650米

◀2023年8月

于徐浩

竞选少先队大队委员▶

在悉尼歌剧院▶

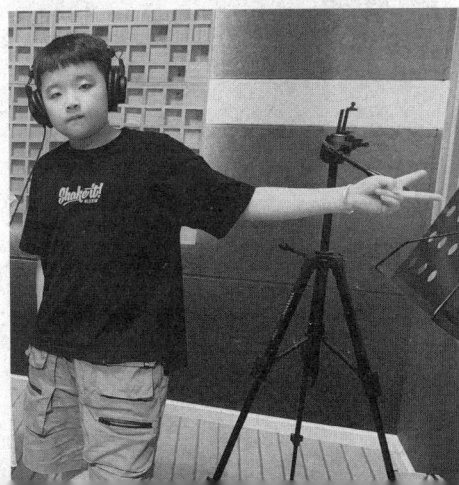
在录音棚▶

▼在悉尼大学

▲在墨尔本州立图书馆

章奕

▲游石井水库

◀阅读

▼执扇

◀荷塘芙蓉色

古风照▶

沈鉴峰

▼练习毛笔

▲练习书法

▲参观绍兴博物馆

▲参加"快乐星生代"小主持人比赛

▲参观美国文理学院

◀2021 年 6 月 6 日十周岁写真

▲2021 年 4 月 3 日静物写生

◀2019 年 8 月 19 日在山东威海

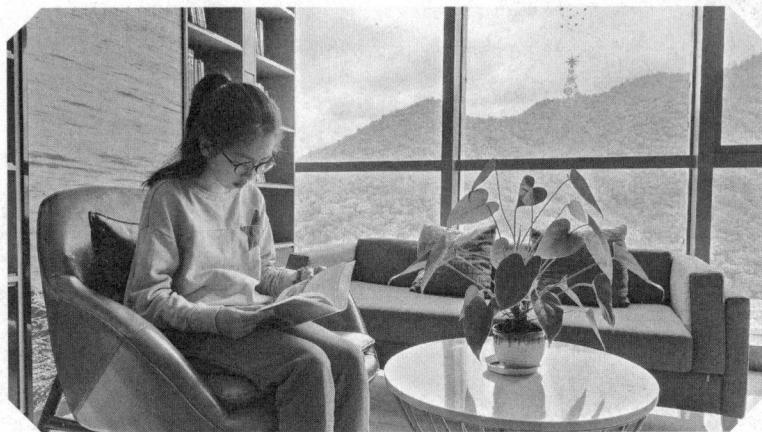

▲2023 年 5 月 2 日在旅途中看书

▲2023 年 6 月 1 日表演古筝

◀和比熊弟弟

周懿涵

哈尼族少女装扮▶

▲在新加坡游学

▲画素描

▲获浪花少年校长奖

内容简介

　　写作是一件奇妙的事情。打开窗户,清风徐来,阳光洒进窗棂,带着各种花的芬芳,你突然有了把一切美好事物记录下来的冲动,笔墨迅速地在纸上洇开,心绪无法遏制地蔓延成一片文字的海洋。白纸黑字,描画出一个无限生动有趣的世界。

　　学会了写作,就是学会了与自己对话,这是对自己最好的治愈;学会了写作,就是学会了思考人生,学会了面对过去,并畅想未来;学会了写作,就是学会了面对生活,一路行,一路观察与记录美好。

　　在这本书中,仿佛能听到六名少年的欢声笑语,好似看到了他们若有所思的脸庞,又宛如与一脸自信、内心乐观的他们擦肩而过。阅读这些文字,仿若看到了他们的成长,听到了他们生命拔节的声音。

　　光阴易逝,童年倏忽而过,文字却不会随着岁月褪色。细细品读文字,你会看到种种美好,如花般盛放。

目 录

鲁奕含

四年级

雨,下得如此温暖

一次次亲切的问好,一句句柔和的话语,一幕幕深刻的记忆,都有着无穷的温暖。每一次温暖的情景,历历在目,不可磨灭。虽然最温暖的事也许并不需要多感恩,但在生活中,我们的一个个小小的举动,都包含着温暖,那股温暖是强烈的,是纯洁的。

还记得那天,天气稍冷,空中乌云密布,原本洁白无瑕的云朵消失得无影无踪。没过多久,雨水一滴一滴,噼里啪啦,如断了线的珠子纷纷掉落。大街上的人也不多了,每个人都穿上了温暖的棉衣,谁也不愿意着凉。可是,在这风雨交加的日子里,妈妈竟然要我和她去附近的商场买一些冬天的衣服,我十分不情愿,但最后还是在这恶劣的天气下,迈着沉重的步伐出门了。

出了门,我和妈妈共用一把伞,走向商场。走在路上,我的步子是急促中带着几分悠闲,因为下雨时,几乎没有人,人们最多也只是在家中的玻璃后擦擦雾气,向外望望。路上,不管是走在狭窄的小道,还是宽阔的大路上,妈妈总会把雨伞向我倾斜,雨伞是歪的。我,安然无恙,而妈妈,却不停地被雨淋湿,滴滴水珠都往妈妈身子的右边跳。走进商场,我看到妈妈的右侧早已湿了一大块。我的心暖暖的,泪水也在眼角边开始摇晃,我感受到了温暖,一股母爱的温暖。

这时,我们看到了一个老爷爷在商场门口不停地打转,我们连忙走向老爷爷。我说:"爷爷,您怎么了?"老爷爷着急地说:"我孙女要去上培训班,我老糊涂一个,忘拿雨伞了,如果再不去培训班,恐怕就要来不及了,而且今天可是我孙女考级,如果迟到就糟了!"我们一听,恍然大悟,我看看我们的雨伞,又看看老爷爷,说:"爷爷,您孙女考级来不及了,我们把这伞借给你们吧。"爷爷听后,坚定地说:"那可不行,雨伞给我们了,你们怎么办?"妈妈说:"我们不着急,可以再去买一把,老人家,您就先拿走吧。"看到老爷爷的背影,我的心中春意盎然,别提多温暖了。

在雨下,我感到了一股强大的力量,那就是——温暖。

当我面对加油的时候

一声"加油",很多时候,只不过是一句普普通通的话语,但那次的加油声,在我的心中是难以磨灭的。

还记得那一天,天气十分凉爽,风也会时不时地向我们吹来。蓝天白云,天空像是一条被清洗干净的蓝色丝带,正是一个登山的好日子。得到了大人的同意,我们一家四口便一起准备去登山。不过一会儿,我们便到达了山脚,当我抬头仰望时,就看到了那座高山——山好高哇,就连太阳,都被山挡住了。这时,我便开始胆怯起来,但是,当我看到爸爸和妈妈拉着弟弟争先恐后地向山那儿走去,便也急匆匆地跟了上去。

走在去山顶的台阶上,我时不时就有点害怕,仅仅只是走了几米而已,我便开始害怕地向上看。那些台阶一个个都是用石头做的,十分长,而且绕来绕去,像是一条灰色的长龙在山间缠绕着。爸爸妈妈说要看谁先到山顶,先到有礼物,一听到这儿,我又是信心满满。但是信心很快就消失了。因为爸爸的腿比我们的都要长,每一步就走上了三个台阶,大步流星,把我们远远地甩在了后面;妈妈很坚持,不管是被太阳暴晒,还是满头大汗,都不愿放弃;而弟弟虽然还小,但是比我快活,蹦蹦跳跳的。而我只能在他们的屁股后面精疲力竭地追赶着。

　　虽然很疲劳，但我却不时为自己加油打气，我会对自己说：加油，我永不放弃。也就是这一句话，又让我找回了信心。在我前面的弟弟，觉得自己很了不起，就骄傲地说："姐姐，你好差呀，连我都比不过，哈哈哈。"面对他的嘲讽，我的心都开始愤怒了，便用尽全力。果然，我超过了骄傲的弟弟。他并不觉得会差多远，于是还只是慢慢悠悠，心不在焉。而我越走越有劲，走着走着，我竟然因为那一股强大的力量，赶超了妈妈。最后一个对手便是爸爸了。

　　在超过妈妈后，全家人的行走速度逐渐下降，走得越来越慢，我的自信心又都不见了。这时，爸爸费力地对我说："加油啊，小丫头，可别灰心了！"说完，便转过头去。那一声加油，把我的信心又拉了回来，我重新鼓起勇气向前冲去。眼看离山顶不远了，我拼尽全力，只为超越他。我又不停轻声而急促地对自己说："加油，加油。"这时，我已看到了山顶。我用力一冲，啊，我超过了爸爸，凭一步的优势率先到达了山顶，并在山顶留下了纪念。

　　人生的道路，总不可能一直都平坦无阻，风平浪静，有时阻碍就是在快乐过后出现的。面对阻碍时，就应该鼓起勇气，对自己大喊一声"加油"。在学习和生活中，我们也要像登山一样，需要坚持，不能半途而废。而那一次次的加油，也成了我坚持下去的原因。

安徒生冒险记

"书籍是人类进步的阶梯。"这是名人高尔基所说。他让我们多看书,多学习,这样就会有进步,也会和别人产生差距。

镜头一

一早醒来,我发现我不在自己家了,我来到了一个农场。我看见鸭子妈妈领着一群小黄鸭在水中嬉戏,也看见丑小鸭在离它们十米之外的地方独自伤心哭诉着:"谁让我自己那么丑呢?我那么丑,不像一只小黄鸭。"我听后,发现原来自己已经身处童话世界里了。我走了过去,正要安慰它,它脚一踢,说道:"不要再来嘲笑我了。"我说:"我告诉你一个秘密,会对你有很大的帮助哦!"它听后一下子开心起来说:"你快说是什么秘密!"我悄悄地在它耳边说:"你以后可是一只白天鹅呢!现在你可别哭花你的小脸蛋了。"丑小鸭听了,向我道谢后,就离开了。

镜头二

我转移到了另一个地方,这里是一个城堡,我悄悄地推开了一扇门，发现里面有两个裁缝，正在装模作样地裁衣服，我走到他们旁边，说道："你们不要装了，我想来提醒你们，如果你们再装下去，国王就会来找你们麻烦。但是如果你们做出了一件精美的衣服，让国王高兴了，他说不定就会给你们加倍的钱了呢！"他们听后，互相向对方点了点头说："我们这就开始做一件精美的衣服，让全世界都知道我们的厉害。"说完，他俩就开始默契地配合着做起衣服来，但我知道，他们还不都是为了有钱花嘛！我说完后就离开了。

突然，有一个人把我带上天空，再放开了手，这时我也从床上蹦了起来，以为自己要被摔死了，这可把我吓坏了。原来，这是我看《安徒生童话》时做的一场梦呀！

这次冒险让我帮助了丑小鸭与两个懒裁缝，让我知道了读书的重要性，也同时让我感到了有趣，使我忍不住大笑了起来。书，像是一把雨中的伞，为我遮风挡雨；书，像是晴天的一缕阳光，让我的心有了温暖；书，像是伤心时的一个布娃娃，陪伴我长大。

在书的怀抱里，我沉睡了。我对书的热爱，是任何人都无法超越的。"黑发不知勤学早，白首方悔读书迟。"请你珍惜这短暂的时光，去看书吧！

与神笔马良相遇

　　到了傍晚,我背着书包在路上走着,时不时抬头看看那五彩斑斓的晚霞。

　　突然,晚霞变成了一辆高速火车,在我面前停了下来。高速火车的驾驶员青蛙呱呱说:"尊敬的女士请进,这是前往呱呱国的一辆火车。"我惊讶地张大了嘴巴,眼睛瞪得老大,又吃惊地用手指了指自己。青蛙呱呱说:"对,就是您。女士,您是一位幸运的人,抽中了可以去呱呱国的门票。"我又指了指自己,再一次确认了一下,就上了车。

　　高速火车只用了大概十五分钟的时间,就到达了青蛙呱呱的呱呱国。这里的景色很迷人,可有一个地方很挤,而高速火车也正是在这个名叫"桃花庄"的地方停了下来。我下了火车,往里面一看,只见一个拿着一支毛笔的人坐在一把小椅子上,还用扇子给自己扇了扇风。他大声说道:"如果你们想要让我的毛笔画一样东西,那就请你们排好队,一个一个来。"原来他是神笔马良。我听后,也排起了队。

　　不过,每当神笔马良画东西时,都会先看看他们都缺些什么,再给他们画出来。排在第一的是位先生。马良上看看下看看,左看看右看看,经过一番查看,才开始画了起来。他给先生画了一份工作,希望先生不要好吃懒做,要勤奋工作。先生听后,就去工作了,嘴里还说:"哼,我才不要工作呢。"马良听后很生气,就在他头上画了一坨屎,路人看了都哈哈大笑。

　　第二位是个老太公。他穿着一件破旧的衣服,衣服就像被老鼠咬了似的,有好几个大破洞,就连鞋子都破得不能穿了。马良很快就有了头绪,他为老太公画了一件衣服和一双鞋,外加一些钱。老太公拿到东西后,热泪盈眶地向马良道谢。后面的人都拿到了自己缺少的东西。

　　终于到我了。他发现我手里断掉了的发箍,想都不想,就给我画了一个发箍。发箍上还有一颗红宝石,在阳光的照射下闪闪发亮。我赶紧向马良说了好几声谢谢。我说完,马良对我笑了笑,并温和地对我说道:"不用谢,小姑娘,快快戴上你的宝石发箍回家吧。"话音刚落,那辆高速火车又出现在我的面前。我坐了上去,回到了家里。我和家人说了神笔马良的故事,他们却都说我可能是在做梦,我是在骗他们,我可能是发疯了……

　　你们说我是在做梦吗?

感动的那一刻

五年级

　　时间如同溪水潺潺流过，虽然等不到溪水干枯的那一刻，但却能欣赏到一时的美丽。而不到那一刻，或许在世上又多了一件令人感动的事。

　　那一天，外面下着大雨，雨珠如同断了线的珠子落下来，发出了滴滴答答的声音。这声音时高时低，仿佛是大自然在为我们演奏优美的音乐。一到这种天气，人们的心情也会变得乌云密布，我也不例外，因为在这种天气我还要去上培训班。可这次去培训班的方式和以往都不相同，因为家里大人都没有时间送我，所以我只好一个人坐公交车去。这是我第一次自己坐公交车，心里一直在想：别害怕，没事的。带着这样的心理，我急匆匆地出了门。

　　到了门口，我才发现没有带雨伞，还好公交车站离家不远，只要跑上几步就能到了。我冒着大雨，无论它怎样打击我，我都对它不理不睬。终于我看到了胜利的曙光，连忙跑到车站旁，静静地等待。过了一会儿，我摸了摸口袋，空空如也，如果再跑回家去拿钱的话也来不及了。这一刻，我看着外面一滴一滴的雨水，看到的仿佛只有绝望。我只能借钱了。

　　我看着站台上这么多的人，十分慌张，因为我害怕那种被冷漠拒绝的滋味。因为我知道被拒绝后心情会跌入谷底。然而，一位中年的阿姨向我缓缓走来，我紧张地用牙齿紧咬着下嘴唇，胡思乱想：她想干什么，难道是想绑架我吗？她离我越近我就越紧张。心情如十五个吊桶打水——七上八下，心里小鹿乱撞。当那位阿姨在我面前停下时，我紧闭着眼睛，过了几秒，我缓缓睁眼，只见她露出了一个慈祥的微笑，温柔地说："孩子，不用怕，我没有别的意思，只是看你神色紧张，请问是遇到什么问题了吗？我或许可以帮到你。"我半信半疑地问："阿姨，您真的会帮助我吗？毕竟我们并不相识。"阿姨笑了笑说："是啊，我真心愿意帮助你。"我开心地说："阿姨，我今天出门太着急了，就忘记拿钱了，所以您能借我一块钱吗？"阿姨一听这话，急忙从口袋里拿出一块钱，塞进我手里，并对我说："好孩子，这一块钱就当是我送你的，你不用还，以后帮我把这份爱传下去就行。"

　　我听了这句话，心中好像有一粒种子埋进了土壤里。我被这一块钱感动了，那一刻它让我重新燃起了希望。

秋之美

　　秋之美,美在秋雨绵绵,美在黄叶凋落,美在收获稻谷,甚至,美在暴雨秋夜。

　　秋天的清晨,透露出一丝丝寒意,下一场秋雨,便能感受到秋天的灵动。秋天的雨,是连绵不断的,雨珠连绵不断,像极了银色的蜘蛛网,雨总是淅淅沥沥下着,仿佛是在弹奏一首大自然的乐曲,娓娓动听。而那些树木,也都会毕恭毕敬地站着,接受来自秋雨的洗礼。然而,秋雨也有凶暴的一面。窗外下着雨,天空如一盘乌黑的墨汁,阴沉沉的,压得人们喘不过气。风也不甘示弱,不停地咆哮着,怒吼着,吹得树叶摇曳。雨点如豆子般大,掉在树叶上,房檐上,窗户上,暴雨如注,流泻成一条小溪。突然,随着一道闪电划过天空,一个怒雷从天而降,豆大的雨点也成了雷的跟班,一起"造反"。雨点如机关枪射出的子弹,落在地上,而在雨点落在地上的那一刻,雨上便绽放出了一朵朵美丽而短暂的花朵。

　　秋天,有些叶子已经发黄了,有些还带了点淡红色,当一阵风静静地吹过,树上的黄叶们就会纷纷落下。有的像顽皮的男孩,有的像文静的少女,有的像翩翩起舞的蝴蝶,有的像轻巧的风筝,它们飞呀飞,飞呀飞,随时都有可能落下。而当一片秋叶飘过头顶，又落在地上，你以为它们会失去以往的光彩？你以为它们到了生命的终结？不，它们不会离开，因为这是新的开始。如果你俯身捡起一片叶子，仔细观察，你就会发现叶子中会有小斑点，迎着太阳光，也能清楚地看到叶脉。一棵树上的叶子看似相同，但其实大不一样，每一片都有着秋天的美。

秋天也是一个成熟的季节。稻田早已换上了黄毛衣。你瞧，高粱如同一个个火把，随风摇摆，姿态十分优雅。一望无际的稻田是金灿灿的，在阳光的照耀下，谷穗如同金子一般，闪烁着光芒；沉甸甸的谷穗总是弯着腰，仿佛是害羞的小女孩；一阵风吹过，黄澄澄的谷穗在微风中时起时落，好像在跳舞蹈。秋天充满着欢声笑语，农民伯伯也会在这个时候收割稻谷。这时，传来了收割机的声音，原来是农民伯伯来收稻谷了，看到一粒粒饱满的稻谷，农民伯伯一定会感到自豪，因为这可以说是他一年中的重要收获。

秋之美，到处都是。或许，秋天就是这样令人回味无穷。

改变了，家乡

　　"少小离家老大回，乡音无改鬓毛衰。"我是一名博士后，常年在国外，很久没回过家乡了。因为看到了儿时的照片，便放下了手上的工作，决定重返家乡。

　　二十年过去了，家乡改变了。我坐着太阳能的汽车，静静地向外望去，原本的马路、红绿灯，还有行驶的汽车，都变得不一样了，一切都变得让人难以置信。我呆呆地看着，原本在地上的马路早已消失不见，像是被橡皮擦得干干净净，现在，它是悬浮在大海上的。车辆在路上行驶，不会因为红绿灯而烦恼。原本的红绿灯用一根柱子立着，还需要向上望一望，但现在这红绿灯，像是一个囚犯，被困在了"牢"里，你用手在空中比画一个长方形，就会出现在眼前汽车的屏幕中，而且红绿灯只会停留三秒，因为现在的汽车的速度像火箭般快，过红绿灯仿佛就是一眨眼的工夫。

　　二十年过去了，家乡的河水改变了。在过去，河水中早已不见鱼虾的身影，一眼望过去，河面上漂浮着垃圾，可是，现在改变了。家乡的水川流不息，变得清澈见底，河水中有不少游动着的鱼虾，不时还会泛起一层层晶莹的浪花。这仿佛就是一场无边的梦境。下小雨时，水面泛起一阵阵涟漪，河水呈碧绿色,就像是一幅精美的水墨画。

二十年过去了,家乡的房屋改变了。看到房屋,我便大吃一惊,现在的房子是一个圆球,可以变成露天的,只需要按一下遥控器的按键,房屋就会一下子打开,变形成一个长方形。想看书时,只需要敲一下椅子,书桌就会自己"跑"过来;再报出书名,那一本书就会突然出现在你的手上。若觉得翻书太累,只要拿来一个架子,再放上书,调整好高度。这个架子有认知能力,只要看完了这一页,它立刻就知道,然后架子就会伸展出一只机械手臂将书翻到下一页,再静静地等待人看完再翻到下一页,一切都是那么闲适。

二十年过去了,家乡的后花园改变了。当到达后花园时,就会看到一个机器人,这个机器人的手臂可以切换形态,他的手可以拿剪刀,也可以拿水。只要给他一个完成任务的时间,他一定会按时完成工作。如果后花园里有很多花,这个机器人也能用一个智能洒水壶来浇水。水壶圆滚滚的身子里有许多小孔,他只需要把这个智能洒水壶向上一扔,就能将水洒到各处。

家乡,你像是一位守护者,守护着我们的记忆。二十年过去了,你改变了,你变得越来越富强。在这漫长的日子里,你的改变是无限的,你能让大自然充满生机,能让生活美妙神奇,也能让世界富足,你的改变,我们都看在眼里。

路，在脚下

　　走吧，一条通向远方的路，如果平平稳稳，那便是索然无味的，如果起起伏伏，那才是一条正确的路。不要因为表面的坎坷而退缩，不能希望自己走的那条路是一直平稳的。你，应该走向那条通向远方的正确道路，那样，你便会从走过的一步步中有所感叹，有所收获，最后获得成长。

　　路，在脚下，脚下的那一条路是有雨露的。走在一条下雨的泥路上，鞋上全是泥巴，但一脚踩下去时，却能够感受到泥土的柔和。它们为我们铺了一条路，它们为我们放弃了自己。雨珠，滴滴答答，渐渐地，渐渐地，这条路上出现了一个又一个水洼，它们仿佛就是一个"恶魔"，将我们困住。在这时，我们就该不畏风雨，向前拼搏，不断努力。穿过这条小路，你就会看到光明，正如一句歌词所说的，"阳光总在风雨后"。

　　路，在脚下，脚下的那一条路是有台阶的。你走着走着，看到了一个台阶，是否会踩上去呢？踩上去，会摔倒吗？你为何要为这些而感到烦恼呢？爱迪生为了发明，经历过多少次失败，但他不还是走出来了吗？一件件物品被发明出来，他难道不会感到一丝自豪吗？如果看见台阶，不上去呢？那么不论是在生活中,在学习上,你都还是原来的你,难道你不应该为了改变而去拼搏一下吗?不上去,你就不会有变化,不会有进步,更不会有一个全新的自己啊。面对这些困难,你需要为自己做出一个选择,选择一个正确的想法。

路,在脚下,脚下的那一条路是有"绊脚石"的。在经过一条条路后,难免会遇到不文明的人,遇到路中央的"绊脚石",我们要去勇敢地评理吗?不,不要去。我的一位老师曾经说过:"在你的生活中,你会见到各种各样的人。真心帮助你的人,你要学会珍惜和感恩;假模假样的人,如果你说不过他,那你就应该对他不理不睬,躲开他。"面对路上的"绊脚石"我们就不要去理睬他,假如你已经因为他而摔倒过一次了,那以后就要认识到他的真正面貌,并且,在别人不知道的情况下,渐渐远离他们。

路,在脚下,脚下的那一条路是充满荆棘的。荆棘一片又一片,我们当然是避免不了踏入荆棘,那时,我们就要看着脚下,越过那些充满荆棘的地方。有时,荆棘太多,我们也不必为此感到慌乱,踩一次又能怎样呢?同时,我们也要思考,把这次的教训给记住,以免再一次踏入。选择的权力在我们手中,不要因为一次的失败而失去对蓝天的微笑,失去对家人的期待和关爱,失去等待玩耍的心情。

路,在脚下。当你遇到了困难与失败的时候,难免喟叹与感伤，但此刻的你，为何不抬头看看天上的彩虹呢？那绚丽的色彩，那不羁的状态，那昂扬的弧线，都在告诉你：永远不要放弃自己，让自己选择一条正确的路，选择一条真正属于你自己的路，乘风破浪。

不止一次，我努力尝试

　　每一次的尝试，都是一滴汗水，在汗水中，体会坚持，体会勇敢，体会为了一个小小的梦想，付出全部的努力。不止一次，我满头是晶莹的汗水，但是成功的那一刻，我为获得了一次拼搏而来的成功感到无比快乐。

　　我，只是一只弱小、无助的鹰。在母亲的眼中，并不成器，因为我连鹰最基本的尊严也得不到。每一次，我都躲进母亲温暖的怀里，不懂得什么叫拼搏、努力。但是在这一次后，我全都明白了。

　　这一天，是时候学会飞翔了，但我还是想要继续依靠母亲。母亲严肃地对我说："孩子，你长大了，需要学会飞翔了，不然你就永远也不懂什么是努力。""嗯？可……可是我不敢，怎么办？""不成器，你真让我丢脸。"母亲的眼神中充满了不屑。当母亲说完这些后，就把我领到石崖边，狠心离去了。我目光呆滞。

　　我的眼神向上瞄去，看到了别的老鹰和小鸟都在天空中自由自在地飞翔，我甚至还看到了一对大雁母女在空中悠闲地翱翔。那位母亲不停地夸赞着，我的眼中充满了羡慕。我离开了石崖，走在回家的路上不免一直回忆着，想着刚刚看到的那一幕。过了一会儿,我又一次站在了石崖边。我终于鼓起勇气,准备飞翔。

　　我站在石崖边,纵身一跃,不停地扑打翅膀,想让自己飞起来。可是,不一会儿,我就重重地摔在了地上。这一摔,让我第一次感受到了痛苦的滋味。但是,一次摔过了,就还能摔第二次、第三次。我努力地从地上爬起来,再走到石崖边,不断练习起跳和飞翔的动作。殊不知,我的母亲正在石崖边的大树枝上看着我,心痛不已。

　　已经摔倒过了好多次后,我终于有了进步,我奋力一跳,一到空中,就扑打翅膀。这一次,我持续在空中飞了二十秒,才摔倒在地。此时的我已经伤痕累累,连翅膀都流出了鲜血,周围的鸟儿都在嘲笑我,但我没有放弃,只为得到母亲的夸奖和完成自己的梦想。

　　十年过去了,母亲早已离我而去,我也成了鹰群中的榜样,再也没有鸟讥笑我。当我成为母亲的时候,才懂得了一切。在我长大后,我那段不断尝试、努力拼搏的记忆依旧在我的心中,使我备感激动。

　　或许,你的不断尝试,能让你鼓起勇气,勇往直前,不怕人生道路的阻碍。

游海南记

　　一棵棵树，一朵朵云，一个个贝壳，一只只螃蟹，一层层浪花，它们在阳光的照射下，都格外显眼。或许，一次小小的旅程，也会有收获吧。树叶摇曳着，花朵飘动着，贝壳躲藏着，螃蟹爬行着，浪花翻滚着，这一次海南之旅使我记忆深刻。

　　我们是开车到海南的。抬头看去，是蓝色的天空。海南天气晴朗，阳光普照。天是那样蓝，如同一块白布上被泼上了蓝色的颜料，一看到这样的天空，你就会心旷神怡。白云在蓝天上飘着，一朵朵白云，仿佛是一团团飘在空中的大型棉花糖。放眼望去，每一朵云都洁白无瑕。只要你有丰富的想象，就可以把云联系起来，变成一个画面，甚至是一个故事。每一次看向蓝天，我都会回味无穷。

　　看向脚下，是黄色的沙滩。当你向前奔跑，沙滩上就会留下一个个脚印，这让我想到了人生。人，就要一步一个脚印，慢慢走，永不停歇，不能为了得到某一些好处和利益而去走捷径。我坐在沙滩上，发现沙子是那么柔软。突然，我有了一个想法，观察沙滩上有什么。我趴下去察看，发现有蚂蚁在沙子上爬。有时，蚂蚁们会被东西挡住去路，这时它们就会走向旁边,绕过障碍继续向前走。在沙滩上,还有一个个贝壳,我虽然不是贝壳方面的专家,但我发现,每个贝壳都是独一无二的,它们有扇形的,有方形的,有透明的,也有条纹的。这就像我们人类一样,在世上没有一模一样的另一个你。沙滩上还会有一只只小螃蟹,因为我还小,就趴在爸爸身上,让爸爸背着我一起找螃蟹,只要一发现螃蟹的踪迹,我俩就会一起去抓,绝对不会让它逃之夭夭。沙滩上,留下了我们活泼欢快的身影。

向前望去,就是大海。海的颜色不断变化着,由浅向深,从青绿到蓝绿,再到浅蓝,最后到深蓝,整片海就像是一个调色盘。海一望无际,有些小孩在大人的陪同下在大海最浅的地方玩耍,大海中充满着童心纯真,充满了欢声笑语。同时,大海还会和天空连接,连接处有一条黑色的海平线,将大海和蓝天分开来。到了傍晚时分,天空就会一点一点变红,这时,海面是那么五彩,是那么绚丽,是那么有趣。我就在这海边的沙滩上陶醉着。

大海让我联想到了人生之路,我们要宽容大度,不能只因为一些小事而去争论不休,要像这一片海一样,把所有的烦恼都抛之脑外。有个故事,讲的是一个人把朋友对自己做的不好的事写在沙子上,而朋友在他有困难时对他的帮助,则刻在坚硬的石头上。写在沙上是因为沙上的字迹容易消失，要去忘记不好的事情；而刻在石头上，则代表着永不磨灭，要牢牢地记住他人对自己的帮助。

　　在这次的海南之旅中，我收获满满。这些收获启迪着我看向下一个早晨，看向明天，看向未来。

一元钱的诚信

　　诚信是春天刚播种下的种子,让我们懂得爱护新的小生命;诚信是冬天的一缕阳光,照向路的远方;诚信是道路,获得开拓者的保护;诚信是泉水,让我们看到一丝生机。总之,诚信在生活中是一种必不可少的珍贵品质。

　　那是一个雨天,电闪雷鸣,风雨交加,雨水像是断了线的珠子一颗颗地掉下来,发出"嗒嗒嗒"的声音。到处都在刮风,公园中的木椅甚至被吹打着晃了几下。我撑着一把雨伞,走在回家的路上。突然我发现一个小东西正在闪闪发亮,像是一颗从天而降的星星,在对我眨眼睛。走近一看,才发现是一枚一元的硬币。

　　我一弯腰,从地上捡起这枚一元硬币,然后把它放在我的衣服上擦了擦,把钱上的雨水都擦干净了。我看了看四周,不一会儿就有人走过。我心想:这枚硬币的主人一定会来取的。于是我一直站在原地,一动不动,像是一座雕像。每一个路人的脚步都很着急,我默默地观察着,看是否有人在寻找这枚一元硬币。

　　过了半个小时,已经到了六点,我的头垂了下去,失望极了。原本的自信心,像是一团火焰,但现在却被一壶冷水浇灭了。我失望地看着周围,心想:或许,那个人再也不会来了吧。想到这里,我伤心离去,只留下了一个矮小的身影。到了家中,妈妈问我为什么那么晚才回家,我就一五一十地将事情的过程都讲了一遍。妈妈听了,就说:"你今天先去睡吧,这件事明天再说。"我上了床,想到今天我一直耐心地等待,却没有任何结果,便打算明天再去等等。看着雨停后天空中露出的明亮的月亮和闪烁的星星,我的心中再次充满了信心和希望。我心想:希望明天能够找到硬币的主人。想好后,我还做了一个加油的手势。

到了第二天,我早早地走到了昨天捡到硬币的地方,静静等待。果然,功夫不负有心人,我看到了一个男孩着急地跑来跑去,不停地看着地面。我忙向前走去,说:"你好,我昨天在这捡到了一枚硬币,是你的吗?"男孩连忙点头。原来这是小男孩的公交车费,他早上一起来,发现硬币没有了,便匆匆跑来找。最后,我将硬币给了他。而他找到了硬币,就开心地跑走了。

"人而无信,不知其可也。"在生活中,诚信是美德,更是无处不在的好伙伴,让我们去接受它、爱护它,成为一个诚信的人。

夏日欢歌

　　夏天的声音是美妙动人的,是变化多端的,是引人入胜的。听,夏天的声音,是一串活泼可爱的小雨珠,扯碎了掉落在玉盘里;听,夏天的声音,是雪中一束闪烁的小火光,温暖了旅人的心;听,夏天的声音,是树上蝉儿们合唱出的一首欢快的小曲儿,逗弄得整个森林热闹起来。夏天的声音,足以让整个世界变得欢快起来。

　　在森林里,树上的鸟儿们唱起歌来。百灵鸟、杜鹃“叽叽喳喳”争先恐后地唱着,其他鸟儿听后,也都加入了“大合唱”。布谷鸟用自己独特的声音叫着“布谷布谷”。听了这首小曲儿,连乌鸦也都“哇哇哇”地大叫了几声。这时候,蝉儿们出现了,它们不甘落后,“知了知了”的声音像是在给合唱打节拍,颇像神气十足的指挥家。突然,一阵风吹过,树叶也开始伴着音乐跳起了舞蹈,发出了“沙沙”的声音,把我们的失落都赶走了,久而久之,带来了快乐。

　　在村庄的田野里,蛙声阵阵。青蛙在荷叶间跳来跳去,发出了“啪啪”的声音,它们还扯着嗓门,大叫“呱呱呱呱”,可能正在举行欢迎仪式。看它们,别提有多开心了。泉水潺潺,听,“哗啦哗啦”,清澈的泉水不断流动。一路上它撞来撞去,歌唱的声音时而激情高亢,时而柔和温柔,时而低沉沉默,时而欢快活泼。有时被石头阻挡了去路,"哗——哗",泉水似乎愤怒了起来。而与此同时,看那草丛中沉着的蛐蛐儿,"蛐——蛐——蛐",它们发出愉快的声音,像是在跳圆舞曲。青蛙"呱呱呱",泉水"哗哗哗",蛐蛐"蛐蛐蛐"。一听,又像是一首摇篮曲,抒情柔和。

在雨天里,雨水聚在一起,像是断了线的珠子。落在地上,"啪嗒啪嗒";落在窗户上,"滴滴答答"。声音的高低不同,像是在弹奏一首愉快的歌曲。忽然,电闪雷鸣,原本在林里的鸟儿都飞走了,在荷叶上的青蛙跳走了,就连蝉也躲了起来,它们都被雷的声音吓跑了。雷却并不想放过他们,"轰轰——轰轰",不停响着,人们都被吓得落荒而逃,原来愉快的心情完全没有了,不再有人想出来散步。

听,夏天愉快的声音,万物皆有灵。夏天的声音是多么美妙啊!

成长的脚印

　　成长的脚印,是被雨露呵护着的;成长的脚印,是被寒霜覆盖着的;成长的脚印,是被晚霞笼盖着的。成长,会让我们学会珍惜,学会尊重,学会关爱,让我们变得更加成熟。经过苦涩和芬芳,我们蜕变了,蜕变得更加美丽。

　　成长的脚印,是坚持不懈的。

　　记得在上一年级的时候,我就有了想要学习骑自行车的念头,于是便告诉了爸爸。爸爸听后,一下便答应了。到了傍晚,爸爸拿出了一辆崭新的自行车,便开始手把手地教我。我先是在爸爸的保护下骑在上面,不断尝试着直接用脚去踩踏板。过了十分钟,我坚持下来了,我学会了自己踩踏板。于是,我便又开始自己保持平衡。第一次尝试时,我的心中就出现了胆怯,但在爸爸的鼓舞下,我骑上了自行车并保持好了平衡。我感受到了成长道路的坎坷,但只要走对道路,就能留下正确的脚印,而这一串脚印是坚持不懈的。

　　成长的脚印,是关爱他人的。

　　在一次体育培训班中,我们在练习跑步。我们班的教练十分严格,他让我们跑八百米。我们跑着跑着,就逐渐感受到了疲劳。突然,一名跑在我前面的女生摔倒了。看到这个场面后,其他人都连忙跑过去,给了她不少安慰。当时的她,热泪盈眶,不知该说什么好。如果我是她,就会感受到冬天的阳光不断涌上心头。成长的脚印,留下了关爱,那是一种温暖的感觉,带着成长的味道。

成长的脚印,是勇敢沉着的。

那是一个天气晴朗的夏天,爸爸带我们去攀岩。我一看那个高度,就不禁全身一抖。爸爸说:"今天来带你们玩攀岩,可好玩了。"说完,便先带着我穿好了装备。我扣上扣子,开始攀爬。因为还很低,我不慌不忙,但到了中间部分,我一看下面,就觉得自己站在悬崖上。我开始手忙脚乱,不知所措。这时,爸爸似乎看透了我的心思,说:"没事的,你只要尽自己最大的努力,去战胜困难就可以了,一定要勇敢。"听后,我的勇气回来了,一下子就爬到了最高处,很有成就感。成长,有勇气伴随着,是一串勇敢沉着的脚印。

成长的脚印,是坚持,是关爱,是勇敢。

海南之旅

　　或许，你曾攀登过挺立的泰山，觉得很威武；或许，你曾看见过波涛汹涌的长江，觉得很壮丽；或许，你曾望见过辽阔的内蒙古大草原，觉得无边无际；或许，你也曾见到过美丽的西湖，觉得流连忘返。但是，在我的心中，最美的是海南。

　　那天，我们到达海南，坐上了缆车。车窗明亮，向下望去，就能看到许多山，那些山有高有低，正所谓"横看成岭侧成峰，远近高低各不同"。山中还连接着一座实木桥，像是一条龙缠绕在那里，别提有多壮观了。

　　下了缆车，我们一路往前走，便到了热带雨林。一走进去，我们的眼中就只有绿色。爸爸边走边为我们讲解："在雨林中，有好几种聪明的动物，其中一种便是山猪。可别小瞧它，它的本领很强，因为它能在自己迷路的时候，用自己灵敏的鼻子找到回山洞的路线，到了自己的山洞，便会大吃一顿。而在这片热带雨林中，还有很多植物，如可可树、香蕉树、椰子树、芭蕉树……它们有的臭，有的香，有的粗壮，有的矮小，它们都像士兵一样，不怕风吹雨打，坚守岗位。"

　　穿过热带雨林，我们步行到了猴岛。在猴岛，到处都是猴子，它们又蹦又跳，有的很聪明，会爬到椰子树上去，用手和脚摘椰子。摘下椰子后,猴子还会手脚并用,团结协作,一起将椰子扒开,最后去喝椰子水。看,它们喝得多高兴啊。

我们看完了猴岛,便开车到了沙滩。一进沙滩,我就兴奋地一蹦三尺高。沙子有的雪白,有的土黄,整片沙滩又大又长,像是一条长地毯。在沙滩上,我们还能时常看到贝壳、螺壳,它们的颜色、形状、条纹也都各不相同,看到这些,谁都会爱不释手地捧着,因为它们就是大自然的足迹。沙滩上的椰子树,树干笔直,树叶茂盛,果实也是又大又饱满。在沙滩的旁边,就是茫茫大海了,大海的浪花一层一层,正是"一波未平,一波又起"。大海的颜色,像是一个大调色盘,先是沙滩的金黄、土黄,又变成青色,随后便越来越蓝,直到蓝色不能更深。

金黄沙滩,湛蓝海水,粗壮椰树,构成了这趟海南之旅的美丽风景。

掌声不停

有一种甜味儿,是发自内心的鼓励。掌声,是一种给自己或别人的认可和赞赏,从掌声的响起到结尾,虽然只是短短的几秒,但却表达了很多。掌声,包容了一种品质,或许,你也会为某个人在心中默默地鼓掌吧。

那是一个口才培训班,班中有一个女孩,她看起来很自卑,性格内向,总是一言不发,默默地坐在墙角边。因为她总是不发言,同学们也不知道她的内心在想些什么。而就是这么一个孤独的女孩,也有一个好伙伴——她也在同一个班上。当女孩遇到困难时,总会坐到伙伴身边说些悄悄话,而她的伙伴就会用尽心思帮助她解决问题。

但是有一天,老师走了进来,宣布在下一次的课上,要来一次口才朗诵展示,让大家都要好好准备,认真对待。听了这些话,我们都觉得没有什么困难,却不知坐在墙角的女孩正紧皱眉头,牙齿也咬住了自己的下嘴唇。而这节课,老师并没有上课,把时间留给我们来准备朗诵。这时,我向四周望了望,发现她正在与她最好的伙伴讲话,我心想:这次朗诵要组队,要不我和她们一组吧!我便跑去和她们商量,没想到她们爽快地答应了。

　　朗诵展示开始了，我们一共有四组，而我们正是最后一组。我们三人坐在座位上，看着台上的同学的表演，都不停地感叹。但是，美好的时间总是短暂的，不一会儿，就轮到我们第四组了。我们三个人一上场，便默契地使了一个眼色，音乐响起了，我们三人站成一排，开始朗诵。我总会不时看看女孩，她头上有几滴汗，但仍在坚持。这次的演讲，是她的第一次大声讲话，她的声音美妙动听，我们听后都赞不绝口。只见她开始朗诵："明月几时有，把酒问青天……"我们轮流朗诵，你讲几句，我说几段，配合得十分默契，节奏也把握得十分恰当。我原本紧紧地握着拳头，在朗诵时手心不停地出汗，但看到我们的演出进行得很顺利，我长呼出一口气。我原来的心是"十五个吊桶打水——七上八下"，像是在坐过山车，但现在，我不再不安，而是更加相信我们很有能力。

　　我们的演出完美地结束后，同学们纷纷鼓掌，一是为我们演出了一段好戏而赞美，二便是为了她的勇敢而鼓励。在别人鼓掌的时候，我也在心里为她欢呼。只见她在大家鼓掌的时候，笑了。

　　那一次掌声，十分响亮，也很长久。掌声不停，让我终生难忘。

于
徐
浩

秋天的图画

　　渐渐地,夏天悄无声息地离开了,取而代之的,是那美丽秋天。我们也抛掉了所有烦恼,一起去感受秋的魅力。

　　秋,一个多姿多彩的季节,悄悄地,我们走进果园,不小心打扰了在准备粮食的松鼠。大树上,柿子挂在枝头,石榴咧着嘴在笑,大个的橘子在枝头玩耍呢。轻轻摘下一个,剥开外皮,咬破那橘瓣,一股甜香之味在舌尖上跳着华尔兹。又摘下两个梨,削去皮,切成块,轻轻一咬,那甜味就会涌上来。

　　走进花园,一股与任何季节都不同的香气进入我们的鼻腔,真是沁人心脾。菊花,娇小而又朴素,那柔嫩的花瓣,是多么完美无瑕。那小雏菊,像一个个小小的乒乓球,可爱无比。还有桂花,香味四溢,飘向远方。

　　再走近菜地。菜地旁,有一棵活了两百年的大梧桐树——偷偷告诉你,这棵树是我太太太爷爷种下的,可是我们的老朋友了,我们不论是到菜地摘菜,还是去果园,都要经过这棵树。菜地里的东西可多了:白菜,是我们家经常用来烩汤的;茄子,是我最爱吃的菜,无论是热油茄子、清蒸茄子,道道都是人间美味;还有蘑菇,那是安神降压的好食品。

秋天来了之后,大街上又开始热闹起来,不像夏天和冬天,一个热一个冷,街上都没有人,大家都在家里头闷着。秋天来了,我们终于能走出家门,吸一口那干燥而又清新的空气。公园里,小朋友也多了起来,有的在玩滑滑梯,有的在玩轮滑,还有的在跷跷板上聊天。一切似乎都被唤醒了。

秋天的到来,构成了多美的一幅图画啊!我们都体会到了秋的美妙!

寻冬的脚步

一阵寒风吹过,我的脸上不禁有些痛,但这也意味着,寒冬要到来了。

冬,一个美丽而又洁白的季节,是一年中最后的一个季节,在这神圣的季节中,又有什么是可以找寻的呢?

白雪皑皑,大地已经盖上了一层洁白的棉被,树枝上挂着垂落下来的冰锥。雪松松的,握在手里,冰冰凉凉。窗子上也结着冰,用放大镜仔细去瞧,你会发现有许多像花一样的雪。

万白丛中一点彩。在那银装素裹的世界里,有一些花朵在点缀,水仙、茶花、大丽花都开始绽放,还有梅与雪的激烈斗争,真可谓"梅雪争春未肯降,骚人阁笔费评章"。

一些环卫工人在扫雪。大家都拿着扫帚,在大街上扫雪,你一言我一语,聊得别提有多开心了。走进公园,这里是小孩的天地,好多小孩都在打雪仗,冰面上滑冰更加刺激。老人也在这里谈论"国家大事""家长里短"。

我和弟弟都想打雪仗,爸爸答应了。我们准备出发了,爸爸骑着电瓶车带我与弟弟去"冬天雪蓬露营地"。我与弟弟展开了一场大规模的"战争"。我一持"大炮"二持"枪",而弟弟就靠两只小手向我扔球。我占了上风,可爸爸帮弟弟买回来了一个无敌"大炮",这可把我打得连还手的机会也没有啦!

打完雪仗,我和弟弟一起去买了陀螺,去冰面上玩耍。两只陀螺谁也不让谁,都一齐冲向对方,想将对方撞翻。可弟弟的大陀螺明显比我的强,于是我的陀螺被接连撞倒在地。我面色冷静,将鞭子一抽,陀螺原地而起,一鼓作气将弟弟的陀螺给撞翻了。

这时,妈妈叫我们回家吃火锅了。只见桌上摆着一盒盒红彤彤的肥牛,青青绿绿的菜,还有白色的金针菇。我先将肥牛"扔"进锅。等它挣扎一会儿,由红到灰,就可以开吃了。再涮上一点菜作为搭配,可以说是人间美味了。大家在一起,有说有笑,别提有多热闹了。突然,我在从火锅里捞出的饺子中吃出了硬币,牙差点被硌掉了,但奶奶说这是有好运,今年一定能考高分。就这样,一个冬天的晚上就这样过去了。

冬,一个美丽的季节,一年的压轴。

真人 CS 比赛

　　一阵"砰砰砰"的枪声响起，我从山丘上跳了下来，拿起"枪"……

　　哦，原来是在打真人CS呀！我们双方分为红队和蓝队，准备着一场硝烟弥漫的战争。

　　其他人都在愉快地玩耍，只有小唯默不作声，似乎在想什么……我被分到了蓝队，这里的人不是冲锋手小李，就是狙击手大李，他们个个都是名不虚传的对阵高手。我被选为队长，因为我有单手压AK的能力。还没开战，队员们都已按捺不住了，唯独小唯沉默着，若有所思。

　　随着教练的枪响，我们双方队员都冲向了各自的营地。13时整，第一次大战就此展开。双方狙击手都在哨台上盯着对方，观察对方有什么动静。双方队员全队出发。我在草丛旁发现了几个对方士兵，而我只有一个人。我屏住呼吸，面色泛白，牙齿不禁打战。这时，小唯向我比了个手势，让我用手雷攻击。我拔开保险，将手雷扔了出去。可对方的人也不是吃素的，他们都躲过了手雷，早已将枪口对准了我。"砰，砰"，两阵响声后，对方的士兵被"放倒"了两个。原来是狙击手大李呀！多亏了他，我才没有被放倒。听到枪响，我的队友立马逼迫他俩将对方的位置暴露给我们。在我们说服下，对方队员同意做我们的"俘虏"，换上我们的军装。

半夜，我被一阵讨论声吵醒了。通过狙击镜，我发现，昨天被我们捕获的两名队员竟然逃走了。我架起狙击枪，将对方狙击手的手给打中了。我连忙唤起小唯，想让他跟我冒个险，去侦察一下对方的军营。他想了一下，就跟我一起去了。

我轻轻踮着脚，靠着墙，摸到了对方的军营。我们发现，对方不是靠火力取胜的，而是靠美食取胜的。他们在吃火锅，这是要把我和小唯"馋死"的节奏呀！我摇了摇头，走进了红方军营，说："我们是来投降的。"对方叫我们先坐下，一起吃火锅。吃完以后，红方军营的人基本都呼呼大睡了，只有军师小芳没有掉以轻心，反而更加盯紧了我们。

午夜，我和小唯拿起激光手枪，将对方的所有人都一一放倒，唯独没打到小芳。之后，我们连夜赶回军营，却发现军营里空无一人。我们大吃一惊，一转身，发现小芳正在不远处监视我们。这时，我方队友全部从草丛中走出，对小芳的举动感到怀疑。

最后，我们将小芳捕获。这出"碟中谍"戏，让我明白了：做事一定要小心谨慎，未雨绸缪，才能取胜。

颐和园之古韵

　　古老的北京,斑驳的红墙,嶙峋的山园……被沧桑浸染的城市,在前行的途中,愈加容光焕发。道路两旁的月季娇艳地盛开,园中的牡丹优雅舒展,一座座皇家园林,在太平盛世中更显出无穷无尽的韵味。

　　我们跨过"千山万水"来到了令人十分向往的地方——颐和园。

　　刚走进颐和园,我就已被它雄伟的气势所感染。大门两侧傲然伫立着两头石狮子,公狮右爪握球,象征一统江山;母狮左爪扶幼,象征着母仪天下。走入大门是一对"猪猴石"。

　　走进第二道大门后,万寿石映入眼帘,万寿石后麒麟现身。

　　再往里,长廊显现。颐和园拥有世界上最长的长廊,全长728米的走廊中绘有图画万余幅,将传统故事、山水风景、花鸟虫鱼都置于画中。长廊穿过佛香阁,在绿荫之下漫步的同时又看到如此高雅、富丽堂皇的佛香阁,心情是再好不过了。颐和园的房屋构造十分复杂却异常精细,甚至与现代造屋原理极其相似,体现出古人的知识渊博。

　　无论是远观还是近赏,昆明湖都是颐和园中最为娟秀的景色,碧波浩荡,堤上桃柳成行,十七孔桥静卧于水中。西边那艘很美的大船,若不是石头做成的定会在乘风破浪之时尽显英雄气势。那石船名叫清晏舫,有"河清海晏"之意,它是颐和园中唯一带有西洋风格的建筑。

古老的颐和园从一个景点跨入另一个景点,便是从一个世界跨入另一个世界。这景点之多,景色之异令人叹为观止。

每当游人踏出这里的门槛,定会忍不住回眸。世事无常,风雨变幻,虽然历经数百年沧桑,颐和园依然屹立于青山翠谷之中,历久弥新。

感情重重

　　白驹过隙，日月如梭。现在是夜晚12点。我脱下实验服，望着明月，独自一人在他乡，心里也是万分孤独。

　　我拿起试验报告，关了灯。回到家，手机突然震动了起来，我定睛一看，才突然发现，今天是春节。再看一眼日历"2042年2月"，看着一盘盘黄花菜馅的饺子出现在我的手机屏幕上，我下定了决心，明天回到家乡。

　　在第二天，我从家里走出来，瞬间目瞪口呆，加州高楼林立，处处充满着代码和科技蓝。我来到车站，发现这里再无铁轨，都是用异次元空间扭曲而进行的空间穿梭。这一看，可真是让我大开眼界。终日关在实验室，我竟已经二十年没走出来了。

　　随着一声播报声响起：请于先生抓紧乘坐GHB3024号列车。

　　我坐上列车，发现列车内部设备齐全，各种新花样全部用到了列车上，甚至连我发明的压力舒适环境座椅也派上了用场。这时，一位白发苍苍的老年人跟着我发明的迷你型家务服务机器人来到了我的身旁。"张老师！"我惊奇地说道。没想到张老师已经这么老了。她轻声责怪："你怎么这样，来加州都不叫我一声。"我笑了笑没回答。

　　终于，列车到达了绍兴北站。我们集体下了车，由植物做成的"中国"两个大字映入眼帘。我邀请张老师去我家吃饭，张老师竟然同意了。等了一下，突然有一艘巨型的航空多样飞机出现在我和张老师的上方。从里面走出了一家子人和一个绅士的管家，突然，他们直接开始叫爹叫爷爷的。我十分惊讶，张老师吓了一跳。这时管家发话了："老爷，您终于回来了。"我这才清醒过来。张老师也眉开眼笑了。

　　回到家之后，饺子已经煮好了，太太和奶奶一点都没变老。

　　第二天，我照常 4:00 起床，去外面吃了一次油炸食品，开着我的水陆空汽车去大街上看了看。我意外发现，郊区人变多了，市区人口翻倍。城市被分成了三层。第一层建在天空上，利用绿化来维持所需的氧气，并且四周用了软化纤维做的网来防止人们掉落。第二层是再也熟悉不过的陆面了。第三层，是最新开发的水下世界。绍兴曾被称为"东方威尼斯"，处处都离不开水。在水下世界中，有一座电梯和三道门，防止水渗入室内。此外每个房间与另外一个房间之间都有一条通道，假如一个房间渗水了，可以转移至另一个房间，这样可以大大减少危险的发生。

　　我继续行驶在路上走马观花，不一会儿就到了"山区"。

这里空气新鲜,流水潺潺,不允许烧烤。漫步在这悠悠小路上,阳光洒落,微风吹过耳畔,如心中的小湖在漾起波纹。相对于科技发达的市中,还是这里比较安静,没有喧闹声。

在国庆假期期间,我这个三十多岁的人,竟返回到了童心最初的地方,多么神奇。而二十年后的家乡,科技发展快速,已然成为高速发展大城市!

温暖·无处不在

温暖,是一种无形的关心与爱,每当你感悟到这一种爱的时候,就会有一股暖流涌上你的心头。这无形的温暖,有小有大,不论是生活中的小事,还是社会上的大事,都是温暖的主要源头。

生活中

那是一个风雨交加的夜晚,电闪雷鸣,我宅在家里写着作文。突然,狂风来袭,一段树枝被吹了下来,落在了地上。这时,我看见了一只毛茸茸的猫咪在对面雨棚下面避雨,它全身无力,卧在一个墙角,一副饥饿的样子。就在我打算继续写作文的时候,我看见了一个很小的男孩,大概只有四五岁,他撑着雨伞,边跑边从怀里拿出了一块饼干,并放在盆里。小男孩害怕雨会扫进来,就将自动门给关上了,并在室内为小猫打开暖气。他看见了小猫的宠物检验证,显示这是一只非常安全的宠物,就收养了它。

这就是一件非常暖心的事情,即便是一件小事,也充满着温暖。

社会里

讲完了生活中的小事，就再来讲社会中的大事吧。2022年8月，重庆发生了很严重的山火，山上已经被无情烈火燃得面目全非了，急需很多救灾资源。就在这时，很多的周边人，纷纷为救火做出自己的贡献。记得从新闻上听到有一个小伙子是主力队员，一天起码要上山二十多次，开着一辆摩托车，从早晨5点运输物资到第二天凌晨，这样的生活已经持续一周了。他为了救火，牺牲自己的时光，做出无私的奉献。

其实，人活着，只要你用心体悟，就必定会获得温暖的感受，因为温暖是无处不在的。

不止一次,我努力尝试

碧蓝的天空里,千万只鸟儿轻轻地掠过,向着夕阳飞去。彩霞照在鸟群身上,显得更加美丽。我也是一只本可以飞翔于蓝天中的鸟儿,却再也飞不起来了。

我隐隐约约记得那是一个狂风暴雨的夜晚,没下雨之前,我正跟着鸟群领略城市的壮丽,由于太过入迷,我跟丢了大部队。我当时飞行能力数一数二,所以根本没有在意。我越飞越低,突然,翅膀与一根树枝撞在了一起,翅膀硬生生被拉出了一道血痕,痛苦难言。我受到了惊吓,晕了过去。

醒来后,我发现我已经在一家动物医院,我本想飞走,却发现一动都不能动。我本以为生命就如此结束了,但医生并没有伤害我,而是将我送回了我们群居的地方,我万分感激。

但回到鸟群的生活也不怎么好过,我天天被同伴们嘲笑、辱骂,但我无力还手,因为我不能飞。我这个"鸟阵先锋"被改为了巡逻兵,被大鸟们逼去值夜班。

我终于爆发了,准备从头练起。这时,一个头戴贝雷帽的中尉走了过来说他佩服我的勇气,要做我的教练。

第一天,我在一百多米高的悬崖上腿脚发软,但为了尊严,我一咬牙从崖上跳了下来。我双翅用力扑腾,终于稳定了,但峡谷吹出了冰冷的寒风,我旧伤复发,竟从高处直接掉入了峡谷,被卡在一块石头上。我多次尝试,一天下来,终于可以在空中稳定住身子了。回家后我精疲力竭地躺在床上,不过一分钟就睡得不省"鸟"事了。

第二天,我又来到了悬崖边上,惊奇地发现教练不见了。忽然,后边有鸟一下子就将我推了下去,我突然有了一点感觉,两翅展开伸直,依靠气流,一上一下,终于滑翔了两三百米,到达另一块岩石上,教练才来接应我。就这样一天天地训练,我的肌肉慢慢恢复。

终于,五十天过去了,我将要和教练比拼一场。毫无悬念,我赢了。当我重回以前的"先锋位"时,中尉竟然大吃一惊。原来,"先锋位"是中尉做梦都想拿到的。

经此,我明白了,你只要不止一次地尝试,就必定能取得突破。

非同寻常的彩光电子表

　　每一个人都有自己的心爱之物。有些人喜欢可爱的泰迪熊，有些人喜欢炫酷的变形金刚，还有些人喜欢飞奔的极速赛车。但在我的心里，彩光电子表才是我真正喜爱的一样东西。并且对于我来说，这个电子表意义非凡。

　　这块电子表是一次路边射击小活动中的奖励。我当时对它非常感兴趣，一心就想拿到这块电子表，所以就朝着十米开外的一个碗口大小的靶子连射两枪，由于太过于心急，两发全都脱了靶。一共可以打三枪，只有最后的一枪了，我调整好呼吸，轻轻扣动扳机，竟然射出10环。手表也是如愿以偿，终于到手了。我捧着手心里的手表，发现是卡西欧的，又让我快乐无比。

　　这块电子表可是一块夜里能发光的荧光手表，中间的表盘可以散发出彩色的光芒。三根指针，似三条老虎胡须般霸气无比。表圈上有老虎的花纹，显得十分古老，白天还可以吸收太阳能，不停歇地转动。得到这块表之后，我变得自律起来。每天早上5:30就去楼下晨练，每一次休息时间也不会再超时。上课时，它也会提醒我不能开小差，让我排名向上蹿了好几位，已经突破班级前五了。这块手表让我在做任何事情的时候都能一丝不苟,遵循时间观念。

　　现在,暑期按时来临,我依旧遵循着上课时的时间观念,整个暑假也是收获多多。在长时间的学习下,我与手表已经成为形影不离的伙伴了。

　　但美好的时候总是十分短暂,凡事都有结局。就在昨天晚上,我的手表内部机械"生病",被送到了卡西欧专卖店里去修理,要一个多月后才能来取。我心里像压了一块巨石,喘不上气来,陪伴我两年的电子表就这样被无情地带走了,我在回家的路上一声没吭,眼泪在眼眶里打转。

　　第二天就像光一样快速来到,但我心中的悲伤并没有飘走。这一次的事,已经烙在我的心里,久久不离去。但我心里想:我和手表相处的时间里,都是由它来约束我,这回的小离别,可能正是手表对我的一次考验吧?我重新做回自己,开始了没有手表的一个月。就是这块手表教会我:要勇敢面对生活,热爱生活。

　　这一块手表教会了我自律,让我有时间约束能力,让我有了根本上的改变。

成长的滋味

　　成长是一串非同寻常的脚印,你以为不会留下痕迹,其实只要你蓦然回首,你就会发现所有的事情都在那里深深铭刻着,有的笔直,有的曲折,也有的随着时间流逝,渐渐湮没。

　　成长是要坚持的。记得七岁那年我要去学习自行车,一开始,我一进自行车场就感到十分害怕,甚至好几次吵着不去。但是看到高年级的同学骑自行车,那可谓是闪电般的速度,我心里羡慕不已。所以,我当时也终于下了要成为"闪电"自行车骑手的决心。有一天上课,老师让我们围着操场骑15000米,所有的人都吓坏了,没有一个人敢尝试。当时我心里想:我连一个正常速度的骑车都不会,这么长的距离不是开玩笑吗?可老师却喊出了倒计时:"3、2、1……""我来。"我说道。所有的同伴都投来异样的目光,虽然我当时也是后悔不已,不过只好硬着头皮上了。

　　开始的100米顺利通过,但骑第二个100米的时候我多次摔倒,手臂、膝盖上都有鲜红的血印。但我不畏痛苦,就算是蹬一脚,摔一次,也一定要战胜自己。终于,全场的人都将注意力放在我身上,没有嘲笑声,也没有责骂声,而是鼓励声。我也越挫越勇,成功突破了15000米。我躺在地上,体会着自己的进步。

成长是要有勇气的。我第一次走路上学时，才刚上一年级。我慢悠悠地走去学校，但还没走出小区，鼻子就酸酸的，热泪盈眶。但我心想，这其实是一次对我的考验，我怎么能退缩？于是，我又重新昂首挺胸，大步迈出小区，向学校走去。

虽然当时我被汽车惊吓到了，被电瓶车弄得胆战心惊，但我决不退缩。直到走进学校，我才从门卫室的玻璃上发现，妈妈一直跟着我。妈妈夸奖了我的勇气，我也发现自己成长了不只一点，而是向未来迈出了一大步，因为我学会了勇敢面对。

成长也是十分痛苦的，正如刘墉所说的一样：成长是一种美丽的疼痛。虽然我一直盼着成长，但长大了，快乐也会慢慢减少，直到无趣。

成长虽然非常美好，但也要有一点困难去挑战才精彩，这就是成长的滋味。

变幻多姿的声音

夏季的声音是温柔的,是和谐的,同时是十分恶劣的。夏的声音需要我们去追寻。

村庄田野之声

悄悄走入村庄,你会发现:那是多么美妙,没有一丝不和谐的声音。鸟儿在树枝上"叽叽喳喳"地唱着,那声音令人陶醉,甚至动听到可以使人放下一天的疲劳。傍晚时分,夕阳慢慢落在了山腰上,但是它依旧不逊色,散发着一天中最后的余晖。那余晖又映照着在荷叶上唱着歌的小青蛙身上,使青蛙们更加大声地歌唱。"呱呱……"歌声时而高亢,时而低沉,唱出别有一番滋味的歌曲。夜幕降临,等到太阳射完最后一束光的时候,蝉儿又开始为疲倦的青蛙打拍子。"吱吱吱——吱吱吱——"

绕出村庄走进田野,你会看见许多"半生不熟"的稻子。它们有的直有的弯,竖立在那里。在乡下的稻田里有许多似青蛙的"田鸡"在那里蹲着,时不时张着嘴"咕噜咕噜"地为自己解闷。你也千万别去抓它或者伤害它。

看完田鸡,顺着田埂来到小溪旁,你会发现有许多石头在溪中立着。溪水冲到石头上发出"咚"的响声,十分低沉,让人感到沉重。伴随着溪水流动时的声音"哗哗哗……",像一首动听的交响曲。

大海之声

夏日里最舒服的,可谓是坐木船了。趁着早晨海风凉爽,我和妈妈登上了船。大海平静,只有船桨与水面滑动的声音。

回来的时候已经是中午了,可老天爷不讲理,天气骤变,狂风暴雨来临。小木船随着海浪一上一下,把妈妈弄得呕吐不止,船上的师傅也惊慌失措。海浪越来越大,"哗啦——",我终于感到了大海的无情与恶意。

战争之声

近期,俄罗斯与乌克兰展开了一场大规模的战争,硝烟不断,战火不断,到处都是"轰轰"的声音。这也让许多人都没了家。

这就是这个夏天的不同声音,真是有喜有悲,世态万千!

不屈不挠

——观《万里归途》有感

今天，我去看了一部震撼而又令人回味的电影——《万里归途》。

电影讲的是一个叫努米亚的国家发生了分裂，身在其国的外交官宗大伟，为了拯救侨胞选择留下。但同时，他女儿出生了，在爸爸与外交官的身份选择中，宗大伟选择了工作第一。

我认为宗大伟是一个不屈不挠的人。他们带领的部分侨胞团被努米亚反动派抓住了。敌人的首领折磨着宗大伟和侨胞们，多次让宗大伟交出外交官的证件，但宗大伟精神清醒，决不交出证件。眼见首领发火，将所有侨胞们的护照全部烧个片甲不留。宗大伟临危不惧，运用智慧和勇气与叛军头目周旋，最终成功带领人质穿越荒漠，登上了回国的飞机。我认为宗大伟真是太勇敢了，但他身为一名父亲，这样做事还是莽撞了，要先思考一下再做决定。毕竟他是家里的顶梁柱，他自己的生命还是要放在第一位的。

这件事情让我想到了不屈不挠的南宋英雄文天祥。他多次劝谏皇上，但无济于事，于是自己招募了军队，为南宋展开了最后一层防守。他被元军抓到，元军说，要是他肯投降，就让他做宰相。但他一心爱国，不愿叛国，最后从容就义。所以，文天祥是值得我们学习的，令我们敬佩的。

我还了解到一群这样的人，他们虽已牺牲，但骨气长存，革命精神亘古回荡，为中华人民共和国成立做出巨大贡献，他们就是中国共产党人。在武装革命之前，共产党参与了国民大革命。但大革命的失败，展现了血的事实。中国共产党领导了南昌起义，此次，也是共产党武装反抗国民党反动统治的第一枪。共产党在当时没有科技、没有物资的情况下艰苦地战斗着。所谓革命，就是从零开始。最后国民党失败，共产党带领中国人民站了起来。

不屈不挠，是优秀的品质。在面对困难与危险之时，我们应该不屈不挠，才会有成功之时。

人生之道

　　人生，可能富贵，可能平淡，也可能贫苦。每个人出身不同，家境也不一样，这是无法改变的事实。但学习好与差，却是掌握在自己手中的。

　　"人生路漫漫，说长不长，说短不短。"只有好好将时间利用起来，人这一生才不会荒废。若等到命运不再掌握在自己的手中，再回过头去就已经晚了。

　　我出生在一个中产家庭，衣食虽无忧，但也不能浪费。我自幼喜欢争第一，每次拿不到第一，心里就特别不舒服。不知是像谁，因为我们家的其他人都不太喜欢争第一。特别是我爸爸，在我小时候他就对我说："儿子，你不要太累，人生很长，平平凡凡度过这一生不是很不错吗？"当时懵懂无知的我，第一次听到"人生"这一个词。但过了两三年，爸爸又对我说："浩浩，虽然现在你还小，但要珍惜时间，人生很短！"

　　我当时一脸惊讶，人生为何又短又长呢？直到这件事过后我才明白。爸爸语重心长地对我说："小于，荒废的人生是短的，一睁一闭，一朝一夕就去了。但努力的人生是长的，就如一条路一样，一定要坚持走过去，就算是爬，爬到了也要比不爬或放弃了好。"

　　从此,我深受启发,知道努力才会有回报。但人生道路上也有许多选择,就像十字路口。共有四条路,有四种不同的选择:向左,向右,继续直走,回头。在这几个选项当中,回头是最没有意义的。因为你会发现,你回头时没有任何一个人在等你,因为你的懦弱、胆怯。

　　还有一样东西,是人人都会遇到的。没错,那就是绊脚石。它可能是一次挫折,一次考试的失败,一次亲人的离别……这些都是你人生路上的绊脚石。但你只要乐观、向上,就算是遇到再多的绊脚石,你一次次摔倒、爬起,摔倒、爬起,老天终会助你一臂之力。努力会有回报,付出会有收获,珍惜当下,为自己铺好一条人生大道,祝自己前途无量。

　　人生如一条路,自己的路,自己来走。把握住一次次机会,一次次进步的空间,奋发向上,加油!

绝品"六虾面"

　　我在读《舌尖上的中国》这一本书时,发现了一道失传已久的六虾面,我看了附近的面馆,最多也只有三虾面,所以我打算自己下厨做。

　　这道菜的食材十分讲究,需要使用当季的鲜河虾。找遍了众多菜市场,我在一家河鲜店买到了两斤虾。

　　回到家,按照书上写的开始操作。第一虾是虾籽。在当季虾中极少有虾籽,但幸好买的两斤虾中,有大约一碟子的虾籽。我将虾籽洗净,将油缓缓倒入锅中,然后"哧"的一声,我将火苗点着。到了锅中的油升腾起烟雾时,我一股脑将虾籽倒入锅中。但只听见"嘶啦"一声,我被吓得连退三步,好在有大厨外婆的帮助,虾籽完美出锅。

　　第二虾是虾肉。这可是个大工程,将这么多只虾剥去外壳,剔出虾肉可不是一时半会儿就可以完成的。为了完成这个大工程,我们一家五口齐心协力将一只只虾的肉剔出,只只肥美,十分饱满。

　　第三虾是虾脑。第二天,早晨起床后就要继续前一天的工作,我有点儿不想干了,但看着外婆在辛苦地为我们烧早饭,我想我也不能放弃。于是我的力量又回来了,我将虾肉和虾脑焯水备用，这时，第二、三虾完成了。

第四虾，也就是虾油。这是六虾当中最难的，锅中倒入菜籽油后起火，在七成油温的时候，将虾头全都倒入锅中，只听爆炸般的声音，吓得我差点倒在厨房中。片刻满屋飘香，我守于锅旁，闻到香味之际，赶忙将其盛出，第四虾就告一段落了。

第五虾，也就是整碗面的核心——虾汤。要成就它，可不是什么轻而易举的事，好的虾汤要有鲜而不腥、轻而浓的特点。我精心加入炖好的骨汤。水沸后，不多时香味弥漫了整个厨房。汤煮好以后，细心地品尝，可得其美味，加入胡椒，香而不腥，轻而味浓，可真是极品。

最后，就是第六虾——虾粉。这个相对简单，在研磨机里将酥脆的虾壳磨成粉加入生面中，然后揉生面团，做出面条。最后将面条在虾汤中煮熟，放入碗中，再将食材都放于面之上，一碗六虾面就做好了。

历经两天一夜，一碗"失传已久"的六虾面被我成功"复刻"。夹起一筷放入口中，细细慢品，油润醇香，鲜而不腥，就连不喜欢吃虾的妈妈也赞不绝口，真是太棒了！我从中也悟出了一个道理：努力不一定会成功，但不努力一定不会成功。

那一刻，心中之连漪

寒风袭来，雪打在我的脸上，皮肤越加刺痛。在这雪满天际的世界里，竞赛的落榜让我的心情更加沉重，似乎全世界在这一刻都变得非常无情。手上一张写着"不合格"的试卷，也仿佛在讽刺与挑衅。

在这风雪之中，突然出现了一丝红意，"闪耀"着我的眼。似乎，梅已成为我最后的安慰，也为我心中的疑惑填上了答案。寒梅在风雪之中屹立挺拔，正代表了坚强，它傲霜斗寒，与寒冬对着干。我从地上捡起掉落的两三朵留存。回到家，不出所料，我被骂了一顿。我回到房间，一句未言，只是眼中泛出了泪花。坚强，是唯一的出路。

我想到了保卫祖国边疆的战士们。他们与梅花一般，坚持天天巡逻，就算是有了高原反应，也在坚强地放哨，为祖国建起一座座高墙，抵挡可能的外来入侵。上次看新闻报道，我国边防部队人员与印度偷袭部队展开战斗，中方仅凭八人之力就抵挡住了一支精英部队，可见边防战士们的英勇，他们视死如归，就算为祖国奉献出自己的生命也在所不惜。这种坚强不屈的精神背后，都是一次次的自我磨炼与超越。

我们的计算机编程战队也是一样，在 2020 年比赛失利之后，连夜总结失败的教训，最后在多方面配合与协助下，战队在2021年的总决赛上重获第一，夺回了失去的尊严。

　　总而言之，没有一个人愿意无缘无故地坚持，而有了目标，才会有动力。没有一人会拒绝成功，但成功背后，一定要有坚持。天下不会掉馅饼，坚持才能换取胜利。梅花的坚强品质，让我悟出了人生的道理。

章

奕

呼噜爸爸

　　蝉鸣声、雨声、瀑布声是大自然的乐曲；笑声、读书声是校园的交响曲；汽笛声、叫卖声是大街上的合奏。我最熟悉的声音是家里爸爸的呼噜声。

　　我们家每天晚上都有高低起伏的呼噜声，震天动地。我一上床，像打雷一样猪叫般的声音立刻传入我的耳朵里："呼啦，呼啦，呼——啦！"不好！爸爸的呼噜声又来了。我一骨碌爬起来，把老爸推醒再继续睡觉，可不等我躺下一秒钟，那声音又来了。哎，我真拿他这声音没办法。虽然爸爸的呼噜声像打雷一样，但它似乎也给我带来了一些温暖。在电闪雷鸣的夜晚中，爸爸的呼噜声似乎在告诉我：不必害怕，爸爸在呢。爸爸的呼噜好像一个防御屏障，可以保护我。不久，我便入睡了，睡得十分香甜，这首曲子还真不错呀。

　　虽然爸爸的呼噜声让我发愁，但是我知道要体谅爸爸，爸爸为了让我们住得更好一些，生活得更好一些，每天早出晚归，回到家，肯定希望好好地休息一下。虽然爸爸的呼噜声那么响，还让我睡不着，但我知道，爸爸一定是累了，明天还要继续工作呢。想到这儿，我不想再推醒他了，因为他用他个人的力量支撑着我们家庭。在寂静的夜晚中，爸爸的呼噜声似乎在告诉我:他会努力为家人撑起一片天,让我们过更好的生活。爸爸的爱,真是无处不在啊。

夏天的夜晚蝉鸣声连续不断,爸爸的呼噜声也一样,他在旁边唱着自己高低起伏的老调子,不过,我已经能在一旁甜甜地入睡了。我明白,这是爸爸独有的乐曲,我不再想去叫醒他,因为我知道,爸爸正在休息,享受家的温暖。

与冬的约会

冬,不像春一样生机勃勃,不像夏一样温暖热情,也不像秋一样果实累累。但在我眼里,冬是迷人的,是可爱的,也是有生机的。它越寒冷,茶花、梅花开得就越漂亮;它越寒冷,孩子们就越欢快,你看他们你追我赶地出来堆雪人;它越寒冷,就可以多冻死一些讨厌的害虫,让庄稼长得更好,让来年的粮食更丰收。

在冬天,我最喜欢去的地方就是公园了。冬天的公园白雪皑皑,洁白的雪在大地上形成了一张巨大的、厚厚的毛毯,好像给大地穿上了一件厚厚的大衣,铺天盖地将它裹住,给冬天增添了一道亮丽的光景。"岁寒三友"之一的松傲然挺立在风雪中,雪在它的头上盖了一块白色的头巾,在它的身上披了一件白色的铠甲。有的松树上还是一层一层的,一层洁白,一层翠绿,实在美得无法形容。雪很难贴在它的树干上,可它的"小腿"有时会被雪覆盖。我十分喜爱松在风雪中挺立的样子,我称它为穿"白衣的勇士"。它们在大门旁立着,好像站岗的战士。

再稍稍往里走,可以看见傲霜斗雪的梅,它迎着风,冒着雪,从墙头探出身去。它的枝头上有一道道白白的雪,像一条条白白的小蛇睡在枝头上。有的花朵开了,里边还有晶莹透亮的小冰晶呢。雪在纷纷扬扬地下着,把天地染得白花花的。在灯光的辉映下,打着转儿的雪花漫天飞舞,好像一个舞者在展现自己美丽的风姿。在放大镜下,雪花便像六角星一样,上面还有漂亮的花纹呢。我经常把梅和雪放在一起比较,结果就是"梅须逊雪三分白,雪却输梅一段香"。它俩真是各有千秋,不相上下呀。

继续在小路上走着,不知不觉就到了小溪边,原先叮咚的溪水早已不再流动,上面结了一层厚厚的、透明的冰。那冰虽然厚,但还可以看见下面水草摇曳、鱼儿游动这样一幅漂亮的动态画卷。有些顽皮的小朋友喜欢在结实的冰面上滑冰,玩陀螺,他们那不怕冰的样子真是可爱。不一会儿,冰面上就一片欢声笑语,像集市一样热闹。溪旁亭子的房檐下还结了一根根冰柱,晶莹透亮的,像冰棒一样。

我爱冬天,爱它迷人的样子,爱它洁白的大雪,爱它晶莹的冰柱。冬,四季之中最美的一季。

书中乐园

　　每个人都有自己的乐园。有的人的乐园是真正的游乐园,他能从中得到轻松和欢笑;有的人的乐园是房间,房间里的玩具给了他无穷的乐趣;有的人的乐园是公园,里面湖水流动,风声萧萧,蝉鸣在树间跃动着,给了他自然的感受。而我的乐园是图书馆,因为它给了我无尽的知识,让我了解更广阔的世界。

　　走进图书馆,便像走进了一个书本迷宫。密密麻麻的书有的躺在书架上,有的放在书桌上,还有的被人捧在手心……只要你翻开一本书,一看就停不下来,看完了也依依不舍。人文图书馆是我最熟悉不过的图书馆,也是我最爱的图书馆。里面的书架各有千秋,有的书架旁有一把椅子摆放在一边,有的是半圆形的长椅,它将两边围起来,让人就像走进了书世界的大门,里面有超多有趣的故事让我看个够。有些没有座椅的地方,人们就直接坐在楼梯上面。

　　我很少在这家新开的书店买书,却时常在这里看书。这里的书实在太多了,太丰富了,太有意思了。我在旁边的饭店吃过饭,吃完也不忘来书世界享受一番。在这里,我读过童话故事,里面有有趣的情节,对人物的精彩刻画让我实在停不下来。这些书本,向我展示一个个道理,让我明白一件件事,让我展开丰富的想象力。我也读过百科全书,它们有无穷的知识,无尽的乐趣,向我展示了太空、星球和宇宙,让我对书世界的热爱又加深了不少。我最爱看的是有关旅行的书,就是写景、介绍风光的,有一种独特的滋味,看着看着,好像凉风吹过,我仿佛到了书中那个神奇、有趣的地方,在那里栽下了美好愿望。

如果你问我,书给我带来了什么快乐,那么,我可以好好说一说。书海是我快乐的源泉,我喜欢在里面漫游,我也愿意和你一起快乐,在你的书海中行走。

水仙之声

　　"凌波仙子生尘袜,水上轻盈步微月。"宋代的黄庭坚曾经这样评价水仙花。水仙的确配得上"凌波仙子"的称号,它那婀娜多姿的样子真是让人喜欢,它的花朵还会散发出清淡的香味。它不像梅花那样傲霜斗雪,不像牡丹那样国色天香,也不像菊花那样可爱迷人,可我却喜欢上了这高洁的水仙花。

　　水仙有许多品种,如喇叭水仙、明星水仙、多花水仙等,每一种都有迷人的花朵。它清新的味道、漂亮的身姿,让人喜爱。

　　水仙的花是重点,它的花瓣像纸一般轻薄,摸上去好像云朵一样柔软,它那可爱娇丽的样子不知迷住了多少人。它的花瓣有的灿黄灿黄的,有的雪白雪白的,还有的白中透黄。花朵中间有一个娇嫩的、灿黄的精致小碗,里面装着晶莹的、透黄的、像夜明珠一样的花蕊,它们十分小巧,但又十分美丽。在花瓣的衬托下,那小碗和"夜明珠"更让人觉得小巧。花瓣一般是六瓣,有的花还在豌豆一样的花苞里装着,好似一个睡美人。有的花是半开的,好像一个亭亭玉立的女子。也有的全开了,花瓣尽情舒展着它的身体,仿佛一个正在跳舞的舞者。

花,的确迷住了不少人,可是谁衬托着我们的凌波仙子呢?那就一定是叶子了。叶子又长又细,好像一个个穿着军装的战士,守护着自己的祖国。它的下端是浅绿的,里边也透着一丝丝的黄色。越到上面,它的颜色就越深,保护着里面冒出的花苞。它长得越大,叶子就越粗、越硬、越长、越翠绿。一朵花上的叶子不少呢,有的叶子是卷卷的;有的叶子笔直,像一条直线一样;也有的微微小卷,让人十分喜爱。它就像招待客人的绅士一样,那翠绿的服装、好看的身姿,将永远刻在我的心上。

哈哈,我来考考你,叶子是从哪里长出来的呢?那就是从像大蒜一样的底部里冒出来的。刚拿到水仙花时,它上面包着一层乌黑的泥。如今,它是纯白的,下边长出了胡须一样的茎,好像白色的瀑布一样,那样密,那样多,让人觉得好像看见了一位长者呢。

水仙,你的样子十分迷人,你的鳞茎可以入药。你,在我心中永远散发着魅力。

五年级

得到套尺之后

　　说实在的，我真的很感谢那一次与闺蜜吵嘴，也很感谢那两张心愿卡。摸着手里的套尺，它就是我们吵嘴的纪念品。

　　那一次与闺蜜吵完嘴后，我们就神不知鬼不觉地和好了。之后，她就把这套精美的尺子送给我了，并请我去参加她的生日宴会。我们发誓做一辈子的朋友。我想，这套尺子是我们的友谊见证吧。

　　也不知怎么了，从此以后，我们的关系变得很好。碰巧她也坐到了我的前面，我们就像是粘在了一起一样，头碰头对着一张纸条研究半天。或是看见了对方被别人说，上去就像连珠炮一样回击，直到他们服输。一次，我和一群同学吵嘴了，那一群同学在说我和她的风凉话，我因为实在是太生气了，有点冲动，二话不说直接和他们吵了起来。我那时失去理智，火冒三丈，心想怕他们不成，和他们说了好久也没分个胜负。她见我这样子一看就知道我被人欺负了，立刻帮我反击了回去，说得面红耳赤，一句句都是重击他们要害的话，说得他们一个个堵住耳朵跑了。她笑着说："走，我们出去，晒会儿太阳。以后他们还来，我就用唾沫淹死他。"我们相视一笑,同时说了一句:"做一辈子的朋友!"

从此之后,我们把所有遇到的事都敞开了说。比如一些针对我们的传言,对对方的误会,我们都会敞开了说。敞开了说也是一种发泄,说完觉得心情舒爽,浑身畅快。因为我们自从吵了架和好之后对对方十分信任,有人对我们说:"你闺蜜背叛你了。"我们会毫不犹豫地告诉他:"不可能,不可能,绝对不可能。"我们虽然以前有过分歧和争吵,但在那次生日会,我们说过一句话,就是永不背叛,因为朋友之间信任最重要。

对我来说得到套尺之前,我和闺蜜闹得很不愉快。自从得到了这套尺子,我们之间都是美好时光。套尺是我们长久的友谊的见证。

成长五味

　　成长是一种蜕变,既有阳光的呵护,又有寒风的相伴。在成长的路上,我们逐渐摆脱了蒙昧、自私、幼稚……我们长大了。

　　成长的味道,有时是酸的。我在学习自行车时,曾失败过十几次。一次,在学习上车时,我看见别人轻松又自如地上了车,羡慕极了,就学着他们的样子,也想试一试。可不知是我能力不行,还是上天不让我成功,我一上车,自行车就往旁边倒。我原以为是失误,想再试一下,可是还不行。我心里暗自安慰自己,一定可以成功的。可试了好几次,都没成功。看着他们骑车一圈一圈转过我身边,我心里顿时一阵酸楚。

　　成长的味道,有时是甜的。当你新学会了一项技能时,你会有一种发自内心的成功的喜悦。有一次,我刚刚学会了蛙泳,兴奋极了,一直在水中游。那一次成功,让我尝到了成长的甜,那是在经历重重坎坷后得到的甜,一种比棒棒糖还甜的滋味。那一种滋味,是成长的甜,是成功的蜜。

　　成长的味道,有时是苦与辣的。一次我们跑四百米,在大太阳下我们一个个都使出了吃奶的力气跑,可是因为实在是太晒了，我们都全身无力，跑也跑不动，我们身上的体力也全都没了。当听到广播说还有一圈时我真想发力一把，可力气使光了，实在冲刺不了了。最后我还是努力冲了一下，毕竟和我们跑的是八班啊，他们一个个健步如飞，远远把我们甩在了后面，让我们有窘迫感——在众目之下多丢面子呀！我第一次感受到成长的苦与辣，知道想要成绩出色平时就要好好锻炼的道理。

　　成长的味道，有时是咸的。一次，我和我的好朋友吵架了，因为她单单只靠一门课，就得了两张心愿卡。可她说根本没有，班主任多给的那一张她还回去了。可同班同学也包括我就是不信。不管她怎么说，大家都认为她骗人，不相信会有人把心愿卡还给老师。最后，她生气了，说："你们就是不信，实话实说告诉你们，我就是还了。"她一生气，大家都不说话了。我想向她道歉，可又说不出口。三年的朋友第一次吵架，心里是咸咸的。

　　长大的过程中，酸甜苦辣各种滋味纷至沓来。但不管是哪一种味道，都会留下成长的足迹。

人生之路

　　在人生的道路上，什么都有，有绊脚石，有岔道，有窄窄的小路，也有宽阔的公路。

　　遇到人生之路中的岔道，是你要做抉择的时候。在人生的路上，有不同的人在和你一起行走，每当走过一个十字路口时，不同的人会选择不同的路。像中考、高考，就是人生中的岔道，有些人会选择美术，有些人会选择音乐，还有一部分人会选择文学。当你每走过一个十字路口时，不少人会和你说"再见"，也有一些人会和你一起走下去。你需要做的就是尊重最初的想法，去选择自己想走的路，不要人云亦云。要知道，只有这样才可以让你看见你的梦想，你的梦想才能成为现实。

　　遇到人生之路中的荆棘，是你要勇往直前的时候。人生道路不可能是一帆风顺的，总会有磕磕绊绊。就像你走在长满荆棘的路上时，你会感觉到走这条路的艰辛和不容易，可你又会觉得来都来了，要勇往直前。虽然现在不容易，可是走过了荆棘路，前面的路就很平坦，很宽阔，走得很舒服，也走得很轻松。虽然也会有一两颗碎石，但不会有那种让你困扰一生的大麻烦。通过的荆棘路，会给你一定的勇气，让你勇敢地面对生活。

　　跌落人生之路中的低谷，是你要乐观的时候。当你跌入人生的低谷时，想要翻身是很不容易的，不但要勇往直前，还要乐观。当你乐观地看待一切时，你才可能有信心从低谷中出来，面对灿烂的生活。因为生活就像一面镜子，你对它哭，它就对你哭，你对它笑，它就对你笑。你愁眉苦脸地面对生活，生活就阴云密布；你高高兴兴地面对生活，生活就阳光灿烂。走在人生道路中也一样，走进了低谷，能帮你走出去的肯定是勇往直前的力量，但有的人不知道乐观的重要性。

　　人生的道路中，有岔道，有绊脚石，有低谷，你要进行选择，你要勇往直前，要乐观。路在脚下，可以让你通向梦想。

日 落

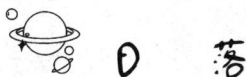

　　站在阳台上，放眼望去，我看见了日落的景象。

　　深红色的太阳正在慢慢下沉，旁边便是灿烂的云霞，如众星拱月般聚集在太阳周围。太阳的颜色，是深红中还透着点橙色，好看极了。太阳射出金光，把整个天空都染成了金色。而旁边的云霞则更为美丽，有一部分是橙黄色，有一部分是金黄色，有的旁边还绕着灰云，就像一位盛装的女子绕上了美丽的飘带，这灰云来得恰到好处，让整个画面有了一种独特的美。

　　太阳仍在下沉，同时减弱了光芒，一点一点，和云彩一起，慢慢地，慢慢地下沉，恰好落在那座山峰上。山峰顶着太阳，就像一个技艺高超的篮球运动员，把球顶在指尖上不停地旋转。旁边的云霞仍围着太阳，可有些已经被山峰挡住了，只隐隐约约看见它们的颜色。太阳没有停下自己的步伐，还是在下沉。再下去了一点时，就像是被山峰弄破了似的。

　　最后，太阳落下去了，消失在那座山峰后面，漫天的云霞是有一点，可过了一会儿，也落下去了，天色也一点点变暗了。

　　我常常把日落看作一天的结束,而日出是一天的开始。当我想到这里时,便常常感叹,开始和结尾都是那么重要,就像老师告诉我们的那句话:"要有始有终啊。"始与终,对一天而言,是日出与日落,而日出与日落,往往是一天中最美的时间点,都是深红色的太阳,都有灿烂的云霞,都有耀眼的金色光芒。对一个人而言,也要有始有终。做事,不能只有一个开始,要么不做,要做就要将它做好。始与终是分不开的,如果分开了,就是半途而废。

　　我常常在阳台上看日落,虽然一直赶不上一天的开始——日出,但日落的时候,我一定不会错过,不管是什么时候,不管在干什么事,在看得见的情况下,我会放下笔,目送着太阳下沉。因为对我来说,它一直都在提醒我:凡事,不能半途而废。

夏天的声音

　　夏天的声音是多种多样的,有叽喳鸟鸣,沙沙雨声,哗啦溪水,哗哗海涛声。夏天有欢乐的声音,有动听的声音,有美妙的声音,但是也有不和谐的声音。

　　村庄田野里有夏天独特的声音。听,池塘里蛙声阵阵。青蛙在池塘里开了个大合唱。"咕呱,咕呱",这声音有点意思,在夏天烦闷的日子里听起来一身清爽。听,溪水哗啦的声音,干净又清澈的溪水像是在演奏一场欢乐的音乐会,"哗啦哗啦"地向东流,在夏天闷热的天气里给我们带来了快乐,卷走了烦恼。听,草丛中蛐蛐奏响了小夜曲,欢快地边拉边唱,蛐蛐在夏天月明人静的夜里唱起了歌,拉起了小提琴,与池塘里的青蛙的"咕呱"声,与树林边的溪水的"哗啦"声,一起组成了一场村庄田野里美妙的音乐会。

　　山林里照例也必然有夏天的声音。在山林中,最好听的音乐就数鸟儿们的叫声了。百灵鸟、杜鹃、布谷鸟都来了。"布谷",布谷鸟带头发出歌王般的叫声,引得百鸟齐鸣。"叽叽喳喳",鸟儿们在蓝天白云的映照下,在绿荫下歌唱。此时,不少动物都来了,梅花鹿、乌鸦等都跑过来了,蝉自然也不会错过,它们可是大自然的指挥家呢。在蝉的指挥下,鸟儿们的演唱会就更有意思了。树木小草也发出"沙沙"的声音，那是它们在跳欢快的舞蹈，似乎它们也十分想参与动物们的演唱会呢！

　　江河湖海中，也有夏天的声音。海面风平浪静，碧蓝的海水一阵一阵地冲着海滩，发出"哗哗"的响声。海底似乎有一种怪怪的声音，好像在欢迎你去它的家，真是有趣！海面好像换了一种风貌，波浪起伏，发出"呼呼"的吼声。海底的声音也不再有趣，好像是在嘲笑你、嘲讽你，总让人感觉有些害怕。相较于海，湖可就平静多了，下面还可以看见小鱼小虾，它们偶尔忽地一下跳出水面，又"咚"的一声游进水中。

　　夏天有许多美好、动听的声音，希望我们都能去侧耳倾听，去发现大自然的美妙。

老　家

　　家园里充满了温暖,充满了欢乐,是我们永远的港湾。而外婆的老家里,不仅充满了温暖和欢乐,也充满了我童年的回忆。

　　外婆的老家里,有我童年的回忆。那时,我和表弟在一片草坪上追追跑跑,还一手拿着蒲公英,一手拿着风车。边跑边看风车转动,看蒲公英的种子随着风去了远方,看湛蓝天空中飘着的白云一点点移动,看河里的小鸭缓缓游到河的对岸。我们边跑边看,边跑边笑,整个草坪回荡着我们清脆的欢声笑语。有时还故意叫外婆打一桶水,以洗手这个借口,让手上沾满水珠,在追上对方时弹他一脸水。玩累了,就坐在草坪上歇一会儿,喝些热水,吃点外婆拿来的水果,一边吃喝,一边还不忘玩石头剪刀布,欢声笑语一点也没轻下来,反而越来越响。外婆也总是乐呵呵地看着我们,有时还带我们去地里认菜,认对了有一颗糖吃。为此,我们把所有的菜名都乱猜一气,为的就是那一颗甜甜的糖果。那时外婆有点哭笑不得,说我们连青菜、南瓜都认不出来,就想吃糖。说着,把剩下的两颗糖分别塞进了我们的嘴里。我和表弟一笑,慢慢享受着糖甜甜的味道。边享受我们还边玩,草坪上现在没声了，可菜地里却传来了我们的欢笑声。

外婆的老家里，充满了温暖。那一次，表弟和我玩游戏，他赢了，外婆奖励了他两颗甜甜的糖和一块巧克力。我眼馋地望着他手里的糖和巧克力，开始流口水。表弟虽然比我小了整整四岁，但他懂得不少道理，他看着糖，觉得糖吃多了对牙齿不好，而且觉得要学会分享。他果断地拿起一颗糖递给我，并说："姐姐给你。"我诧异地望着他，说："这是外婆给你的糖，很好吃的，你不要吗？"他说："妈妈告诉过我，做人要懂得分享，不要吃独食。"接着又对我说："拿着呀。"虽然他年纪小，还没上大班，可他就知道分享了。我接过糖时，心里涌起一阵阵暖流，让我觉得很温暖。我迫不及待地把糖扔进了嘴里，感到一阵甜，这不是随便一颗糖都有的滋味，这是一种温暖的滋味，让我觉得全身暖洋洋的。接着，他又拿起巧克力，分了我一半。我对他说："你不是最喜欢吃巧克力吗？"他说："你不要吗？"我一听，立马接过了巧克力，放进嘴里。外婆走过来说："你们都很棒，都知道分享，奖励你们一人一块巧克力。"表弟得意扬扬地对我说："看，分享了，我们还可以多吃一块巧克力呢。"我不说话，只是笑了笑，我感到外婆的老家原来那么温暖。

现在，外婆住进了新家，新家虽然比老家漂亮，可是我还是更加喜欢老家。虽然外婆给我们一人准备了一个小房间，可我总觉得还是老家更好。外婆现在让我们随便拿糖,可一样的糖,总觉得还是表弟分给我的糖更甜。原来老家的井也没有了,那清凉的井水,也只能留在我们的记忆里了。

有温暖、欢乐的地方才是家,不然就只是一个房子。虽然外婆的新家很美,但我更爱老家。

老师,我想对您说

老师,您日夜操劳,不辞辛苦,平时,您总在办公室里,没有时间和您说话,在下课时间又不想打扰您,今天,就让我用文字的方式和您说说吧。

那一天,我们正在做作业,等待您到教室来,让我们去操场活动一下,因为那本该是一节体育课,而我们已经做了一节课的作业,手都酸了,想出去透透气、放松放松。等了大概有三分钟,您还没来。老师,您之前说过这节课让我们下去玩的。又等了两分钟,教室里只有笔在纸上滑动的沙沙声。您终于来了,走得不急也不快,又抱着一沓作业,"啪"的一下放到讲台上,说:"今天,这节课的安排是这样的:上半节课我把你们的作业改完,下半节课,你们听我讲解错误率较高的题目,再完成你们的订正。"听了您的话,我们顿时蔫了,一个个无精打采地做作业,有些爱玩的同学不甘心,对您说:"可是,您说过这节课带我们下去的啊!"您又停了一下,又问我们:"我说过了吗?"我们齐声说:"对呀。"您又低下头,说:"我反正是没说过,好了,继续做作业。"

我们一听这话,也没什么期望了,低着头,继续做作业,沉默……突然,您对我们说:"今天你们是怎么回事,是不是昨天没睡好啊,今天作业做出来怎么出错率那么高?"我们心一惊,心想完了,完了,今天老师又要发火了。果然,您把笔一放,说:"你们呀,作业做成这样,还想下去玩。"我们一听,心里也不好受,但也只好让您说,说完了讲解题目,大家心里就更不好受了。毕竟,好好的一节体育课变成了一节讲题课,谁乐意呀。况且您还对我们发了火,谁会心里好受呢?

老师,我明白您对我们的付出,也知道您对我们的严格要求是为我们好,我们也很感激您为我们花费了那么多心血。可是,虽然您讲题是为了让我们更好,可我们已经做了一节课的作业了,需要放松放松,何况,这本来就是体育课,您也答应过我们让我们休息放松。您时常对我们说:"做人要诚实守信。"尽管您心里有些急躁,也不至于对我们这样生气。老师,我希望您可以让我们放松一下,也对我们温和一些,好吗?

老师,您日夜为我们操劳,一切对我们的严格都是爱我们。可是放松、休息,也同样重要。

那一次，我真紧张

那一次，我真的很紧张。我也强迫自己放松一点，可是我用尽了办法，也没有让自己放松下来，因为那是我第一次上台表演，面对那么多的评委。

那一次，我们班里竞选参加英语嘉年华的队伍。我其实并不想去，是被我妈说了一堆话，才犹豫地去报名了。凑巧，我的两个朋友也是没办法才去的。我们三个都不想一个人面对四十四双像闪光灯似的眼睛，便同意了一起表演。那一次先是班级选出两组，再继续准备，最后去评委老师那里再表演一次。

我也真是想不到，我们的组合竟然票数最高，就要去评委老师那里了。这完全不是我们意料中的事。我们原先觉得，我们是三个人，选上的概率不大，可是，事情是明摆着的，我们必须去。窗外的太阳热辣辣地照进来，照得我们头上都冒出了一滴滴汗，从我们脑门下滚落下来，滴在我们的手心上。

不想发生的事情还是发生了。我们在等候表演的时候发现其他队伍都是服装统一，声音好听，动作精准到位，根本挑不出什么毛病。我们看着，心里越发紧张，头上越是冒汗。

我们都是第一次上台表演,很紧张。虽然我也代表班级参加过画画比赛,可那毕竟是画画啊,大家都不发出一点声音,只有水彩笔发出的沙沙声。

可这是唱歌呀,我们是第一次上台唱歌,手心里直冒汗,心脏也紧张得"怦怦"跳。到我们表演了,我们上了台,因为是英语歌曲,我们也不是班里的英语尖子生,就只希望能正常发挥。我们也像前面同学一样,动作尽量自然一些,声音尽量甜一些,可最后是怎么唱完歌的,我一点儿也不记得了。我紧张地走下了台,回到了教室。虽然我们唱完了,可是不知为什么,我们还是那么紧张。可能是觉得参加比赛错过了一些知识点,万一考到就麻烦了,也可能是觉得比赛出来的成绩不怎么样,没有为班争光——估计两个原因都有吧。

那一次,在舞台灯光的照耀下,在北海小学评委老师的注视下,在北海小学的那个可以上公开课也可以表演的小教室里,我真紧张。

一包饼干

一次次亲昵的呼唤，一个个回首的微笑，一声声清脆的感谢，都包含着温暖。温暖并不只有那些大恩大谢，生活中一个小小的细节，小小的举动，也包含着温暖。这样的温暖，荡开了心间的冰花。

那天有些冷，街上空无一人。谁也不愿出门受冻，都在家里享受暖气呢。小树丛中偶尔传出一两声猫叫，似乎在这种天气里不可能有温暖。

恰恰相反，就是在这样的恶劣天气里，更能看见温暖。在这样马上就要过年的日子里，千家万户都亮着橙黄色的灯光，这灯光透露出丝丝暖意，透过玻璃窗就可以看见，街上的灯也带着一丝温暖。可是在挡不住风的树丛里，却又传来一声猫叫。

这声猫叫十分尖锐凄凉，似乎在诉说着自己悲伤的故事，似乎它在这些天里没吃什么，似乎它在这里没有一个暖和的窝。紧连着又有一声猫叫，这声猫叫没有那么尖锐凄凉，声音比较小，颤颤巍巍的，可那种凄凉的感觉一点也不少。

这时，走过来一个小男孩，他手里拿着一包饼干。他并没有像别的人一样，对这只猫咪视而不见。他撕开了饼干的包装，拿出一片，把它掰成几个小块，放在猫咪的旁边。接着又拿出一片，也掰成几个小块，也放在猫咪的旁边。猫咪真的饿坏了，马上就开始吃了。看它吃得那么高兴，发出了"咂吧咂吧"的声音，小男孩蹲了下来，用手抚摸着猫咪的皮毛，欣慰地笑了。我看着猫咪吃得那么开心的样子，和小男孩的背影，感觉虽然这件事很小，但也很温暖。

在马上要过年的日子里，虽然家家户户团聚在一起非常温暖，但不要忽视生活中的细节，不要忽视可怜的它们——动物们，也要让它们感到温暖。

温暖，无所不在，它在生活的细节中，打破心间的冰花。

樱桃发卡

　　每个人都有自己的心爱之物,有些人的心爱之物是一个小闹钟,因为小闹钟让他们学会了守时;有些人的心爱之物是一支登山杖,因为它记录下了他们和朋友的友谊;有些人的心爱之物是一双溜冰鞋,因为它是家长给的奖励。而我的心爱之物,是母亲送给我的樱桃发卡。

　　樱桃发卡可漂亮了,它是用毛线编织而成的。外面用米黄色的毛线织了一层波浪花边,还绕了一圈染了色的铁丝,做成了马尾的样子,实在好看,给人一种清淡优雅的感觉。虽然仅这样就很清淡优雅了,但发卡上的主角还没有登场呢。发卡上的主角是毛线织的两颗樱桃,樱桃红极了,红得像红苹果一般,摸上去鼓鼓的、软软的,上面有两根深绿色的茎,将它们连在一起。

　　这么可爱的樱桃发卡,当然有它的来历。它是我的母亲出去旅游,觉得可爱买回来的。我们还买了一个龙猫的发卡,但是龙猫的发夹只是可爱,并不怎么实用,所以樱桃发卡便成了我的心爱之物。这个樱桃发卡是用毛线织的,也算是一个工艺品,工艺品总免不了有点小贵。但是妈妈非常干脆地把它买了下来,送给了我。它陪伴我那么久,我也觉得它既可爱，又实用，是我看见过最可爱的小发卡，也是我用过最实用的小发卡。妈妈说，她在买的时候是抢着才买到的，我更加觉得它来之不易了。

至于我为什么喜欢它，那又是另一个故事了。因为它超级可爱，上边有可爱的小樱桃，非常优雅，我戴它去上学时班里不少同学都说好看，都有点羡慕。它不仅可爱，还实用，别的发卡，要么就是非常单调，要么就是戴上了难拿下来，非常不方便。可它呢，可以轻松处理好碎发，不容易掉下来，而且也非常方便拿下来。不仅如此，里面还有母亲对我深深的爱。它虽然贵，可妈妈还是把它买了下来，自己没舍得用，而是送给了我，这就值得我珍爱了。这一个发卡，谁不喜欢呢。

这就是我的心爱之物——樱桃发卡。它是那么的清雅、可爱，还那么实用，用起来非常方便。每当我看见它，就想起了母亲对我的爱，那爱虽然看不见，但似泉水一般涌在我的心尖、心田。

这个暑假真有趣

　　时间过得飞快,不知不觉暑假就过了一个月。这意味着我只有十几天的放假时间了。可是我还挺高兴的,因为我期盼好久的千岛湖旅游终于来了。

　　虽然我去过非常多的地方,也看见过不少美景,那些美景也是名不虚传的,那我为什么还这么盼望着去千岛湖呢?因为听说千岛湖有众多体验项目,而且里面的娱乐设施很多,玩累了可以放松一下。而且这次的旅游和同学一起去,到时与同学一起住在一幢房子里,一个家庭一个房间,其他地方共用。这样的旅游,谁会不想去啊?

　　在千岛湖的旅游中,划小船是最有意思的。为了去划小船,我们都起了一个大早,说好的六点必须起床,虽然有的晚了两三分钟,可是大家都还算起得早。等大家集合完毕,我们就去划船的地方了。

　　在划船前,工作人员让我们先学习了一些划船前必须要学习的知识,可是我和小伙伴的心思早就不在这儿了,就等去划船呢。终于,工作人员把我们的船推下了水,我们按照正确的拿桨方法,小心翼翼地划着、划着。桨划下去的时候,在蓝色的水面上划出了一排排小波浪。偶尔,我们为了开心,拍打几下水面,水面便会溅起一颗颗珍珠一样的水滴,水滴落在我们欢笑的脸上,弄湿了我们的衣服。如果你只是轻轻碰触一下水面,水面上就会出现一个小圆晕,然后一圈一圈地荡开去。

此外我们还比赛看谁划得快,谁先到远处。大家在水中你追我赶,湖面上欢笑声不断。我们还互相为对方拍照,将这一次旅行记录了下来。有一次竟然"撞船"了,船没什么事,我们的欢笑声也更响了。太阳的光芒越来越亮,越来越耀眼,天气似乎越来越热,阳光照得我们汗流浃背,背后一片湿,也不知道是出汗了,还是嬉戏时水花溅在衣服上弄湿的,可是不知为什么,我们的欢笑声一点也不减。

时间过得很快,划船结束了,旅游也结束了,暑假也要结束了。但这个暑假,真的很有趣。

沈
鉴
峰

团结的昆虫

那天，我在吃面包的时候，一些面包屑掉落在地面上，如此不起眼的面包屑，居然引来了一只"侦察兵"蚂蚁，这个小家伙儿想要搬走像山一样大的面包屑，没想到它居然真的搬走了。

于是，我做了一个实验，想看蚂蚁们在糖、面包糠、盐之中最喜欢哪个。我把三种东西撒在了一个蚁巢的附近，很快招来了一只"侦察兵"蚂蚁，这只蚂蚁用触角碰了碰糖、面包糠与盐。蚂蚁似乎放射了某种气体，引来了大批的蚂蚁，将糖、面包糠与盐全部搬走了。我在看《昆虫生死斗》的时候，看到一只绿蚁士兵发现了一只体格硕大无比的雨林蝎来冒犯它们的领地，绿蚁士兵上前去阻止雨林蝎。谁知这个举动是以卵击石，雨林蝎用毒刺刺向绿蚁士兵，绿蚁士兵临死前似乎放射了一种酸性物质，招引来了一群蚂蚁来攻打雨林蝎，有的撕咬，有的躲闪，有的寻找机会，一段时间下来，雨林蝎节节败退，毒刺没了，巨螯也没了，绿蚁喷射的气体使它行动迟钝，它最终成了绿蚁的战利品。

这种气体究竟是什么呢？我立刻坐在电脑桌前查起资料，原来蚂蚁喷射的气体叫蚁酸，蚂蚁对这种化学物质十分敏感，一闻到就会马上赶过去，这就是蚂蚁为什么可以在远处呼唤同伴的原因。那为什么绿蚁可以击败雨林蝎此等庞然大物呢？原理是：绿蚁士兵先把蚁酸释放出来，让蚁群闻讯而来，再利用蚁酸的另外一项功能——麻痹，使雨林蝎的行动变得迟钝，再去撕咬雨林蝎，最后将雨林蝎杀死。

在小小的蚂蚁身上，我得到了一个宝贵的启示：二人同心，其利断金。要凭多人之力，才能打败巨大的敌人。

蚂蚁团结协作的精神，值得我们学习与赞扬。

家乡的香炉峰

　　我的家乡在浙江绍兴,这里有许许多多的景点,有著名文学家鲁迅的故居——鲁迅故里,有治水英雄大禹的陵墓——大禹陵,还有记载陆游与唐婉的哀婉爱情故事的地方——沈园,但给我印象最深刻的还是会稽山上的香炉峰。

　　由于香炉峰紧靠大禹陵,所以遥遥望去就可以清晰地看到著名的大禹塑像。他眼睛直视着远方,张开嘴巴,似乎在喊着:"兄弟们,这洪水总有一天会被我们治好的!"他一手拿着治水的工具,一手向前伸,眼神里充满着自信与坚毅。

　　香炉峰景区的大门口也是十分值得观赏的。门前有一条小河,河水十分清澈,可以清清楚楚地看到河底的石头、水草等。河里还有一些小鱼和小乌龟,有人把一些面包屑扔了下去,小鱼像见着宝贝一样争先恐后地游过去,叼走了面包屑,小乌龟也不甘示弱,连忙伸过头去吃,最终也抢到了。大门挺有特色,一共三个门,一个大门,两个小门,红漆黑瓦,显得十分壮观。

　　走进去,各种各样的建筑呈现在我们眼前,有一处是寺庙,外面十分壮观,四根柱子立在地上,像一只巨大的乌龟趴在地面上,一个读书人正坐在它的甲壳上,专心致志地读着他的书。"乌龟"里面陈列着一尊尊蜡像,有文殊菩萨,有四大天王,还有财神。

再里面就是一段蜿蜒曲折的走廊,像一条巨龙盘踞于香炉峰上。这条走廊是通向最高点的,这段路程极其漫长。几层石阶之后会有一个亭子,路过几个亭子后,就到了药王庙,据传药王庙的池塘水喝了可以治病,因为这是华佗亲手熬的汤药。走进去有一尊华佗雕像,十分慈祥,栩栩如生,工艺十分精湛。

继续走,就到了最高点,那里立着一座高塔,墙壁上刻着壁画,演绎着一个个动人的故事,爬上去,就可以俯瞰整个绍兴。

香炉峰十分壮观,站在山顶,"一览众山小"的感觉油然而生。

热心的保安大叔

俗话说得好："远亲不如近邻。"我的哥哥姐姐离得都比较远。大表哥在美国,二表哥在攻读研究生,大表姐在考文理学院,他们基本上没有什么时间来陪我,我不免觉得有些孤单,但小区里的一名保安大叔却能给我带来温暖。

保安大叔长得十分苍老,脸上的皱纹如同刀刻的一般。他患过眼病,不过现在治好了。他的脸上布满了密密麻麻的老年斑,牙齿掉了几颗,镶上了金牙、银牙。他性格开朗、爱说话。他的经典动作是坐在椅子上,开开心心地与别的老年人聊天、寒暄。他同时也很尽职,每天晚上都来巡查有没有野猫为了抓老鼠而破坏车子、公物等。有些猫咪非常喜欢扰民,所以需要每天巡逻。他最喜欢对我说的话是:"喏,你妈妈今天又不来接你,哎呀,连宝贝儿子也不管,太不称职了,要严厉批评!"

他十分热心,在他人需要帮助时伸出援手,嘘寒问暖,还非常喜欢带给人快乐。如果家长不在,他会让你在保安室里等候,他还会主动帮你找快递、拿快递。记得有一次,保安室里的快递快要堆成山了。我来拿快递,看见眼前如同山一样的快递,不由自主地叹了一口气,说:"唉,还是下午再来拿吧。""等一下小伙子,二人同心,其利断金,咱们联手,一定可以找到快递。"保安大叔信心满满地说。我勉勉强强地答应了。"咱们合力,正如同有了三头六臂,马上找得'盆满钵满'。"我情不自禁地对保安大叔产生了几分敬佩之意。

还有一次我回家时,碰巧撞上了保安大叔。大叔说:"喏,你妈妈又没有来接你。"我无话可说:"呃……"保安大叔见我挺孤单的,于是送了我一只蛐蛐,但我可怜这只蛐蛐,便将它放生了。

这就是我们小区里热心的保安大叔。

真的不容易

　　生活是多姿多彩的,其中有许许多多十分不容易的事情。有人去参加全国围棋大赛,表面上很光荣,背后却很不容易。有人去跑马拉松,要成为第一名很不容易。残疾人去参加游泳比赛,一马当先,就更加不容易了。生活中有许许多多不容易的事,正等着我们去发掘,去探索。

　　有一次,我们打篮球比赛,我们是二队,要防守一队的进攻。一队的发球手正在锁定接球手。球刚刚发出去的那一瞬间,时间突然流动得很慢。我纵身一跃,盖掉了那次发球,又把球抢走,传给我们的主力队员浩浩。他的进攻势不可挡,像一头发了狂的野牛一般向篮筐冲去。虽然浩浩攻势很猛,但是却把控不好位置,他在距离篮筐很远的地方投篮,结果一发没进,还被对手抢走了球。他愤怒地说了一声:"该死!"于是,他让我去防住抢球手。我一个箭步跑到了抢球手前面,吓得抢球手魂不守舍,我也趁势将球盖掉。篮筐前面的浩浩居然没人去防,我双手发力,传给浩浩,浩浩马上投篮,进一球。

　　第二局开始了,对手们更加提防浩浩了,于是一开始发球也十分小心谨慎。球到手后,对方立刻向篮筐冲去,奈何太心急,所以出界了。我们发球时,浩浩不知变通,只好传给眼镜男。眼镜男笨拙的动作使我们发笑,无奈之下,又只好传给浩浩。浩浩这次又在离篮筐很远的地方投篮。他是二队最厉害的几个球员之一,这次没有失误,投进了,我们又得了两分。

第三局时间紧迫,浩浩却淡定自若。他抢过球传给我,我又传给眼镜男,这样的组合是对手眼中的"铁三角",对方无机可乘。居里夫人说:"弱者坐失良机,强者创造时机。"浩浩一个上篮,终止了比赛。赛后,我问浩浩:"你为什么如此强?"原来,浩浩每天都在勤奋练习。"不积跬步,无以至千里;不积小流,无以成江海。"原来一个强者的练就如此不容易,我也更加敬佩浩浩了。

成为强者是自然而然的欲望,有的人不走正规道路,最终误入歧途。只有点滴积累,坚持不懈,方可成为真正的强者。

偶然的发现

　　牛顿在偶然间发现了万有引力,阿基米德在偶然间发现了浮力定律,卡尔·威尔海姆·舍勒在做实验时偶然发现了一种全新的金属元素——钨。偶然的发现,说不定会给你带来很大的感悟。而我养蚕宝宝的过程,就给了我一个巨大的启发。

　　记得三年级的时候,老师给我们布置了一项十分特殊的作业,那就是养蚕宝宝。科学学具袋中有几粒蚕卵,让我们专心培养,争取将蚕宝宝培养成飞蛾。不过这是一个十分艰难的过程,要准备一个空气充足、阳光充足且十分温馨的一个小盒子作为蚕宝宝的小家。后面还要铲除蚕沙、切好桑叶。我们只好不厌其烦地操作着这样的步骤。

　　有一天,我上完晚自修回家,发现我的蚕宝宝已经蜕皮蜕到五龄蚕了。再过不了几天,就可以化茧成蛾了。我是多么期待着那一天的来临,于是,我每天虔诚地祈求蚕宝宝快快长大。命运之神眷顾了我,蚕宝宝果然长大了。最近蚕宝宝一直不吃不喝的,都在吐丝做茧,十分努力。我心想:蚕宝宝竟如此努力,我却不够努力,可真是连蚕宝宝都不如,所以我要更加努力才行。

　　日复一日，蚕宝宝在茧里静静地睡着，像一颗蛇蛋静静地卧在一张巨大的蜘蛛网中一般，是那么温馨、安详。我想：蚕宝宝睡得很香甜。突然，茧破了，似乎有什么东西在里面蠢蠢欲动。突然又裂了一块，里面的东西飞了出来，原来是一只飞蛾，蚕宝宝成功变成飞蛾了。

　　蚕宝宝的努力使我受到了启发，让我有了克服生活中的困难的勇气。有一次，我们举行跳绳比赛。一开始，我的状态还是非常好的，脚尖迅速蹬地，越到后面，我的体力越来越不支。这时我想到了蚕宝宝是经历多少努力才化成蛾的，于是更加努力地跳，最终跳了一百九十下。

　　生活中有许许多多困难的事，只要像蚕宝宝那样努力，总可以克服困难。

美妙的夏音

　　夏天到了，许多事物都发出热情邀请，这些声音是美妙的，这些声音是动听的，这些声音还是欢快的。它们的声音蕴藏着不同的感情色彩，正等着我们去聆听、发掘与探索。

　　听，大自然正在向夏天打招呼。风以百般热情招待夏天。"呼呼"，风的凉爽使夏天的炎热退散，人们再也不用躲在空调房里吹冷风或扇扇子了。风之后是雨，雨是一位唱歌能手，许多著名诗人都以雨为主题写过诗。"滴答、滴答"，随着时间慢慢地消逝，雨也越下越大。雨十分聪明，懂得用莫尔斯电码与人类交流。"滴、答——"我也伴着这富有感情色彩的莫尔斯电码声渐渐入睡。雨都来了，电也不能少。电是一位音乐家，尤其擅长敲锣打鼓，这音乐声给许多作家带来了写作素材，也许巴金老先生就是这样写出《爱情的三部曲》中的《电》的吧。压轴的是海浪，海浪时而温柔，时而疯狂。温柔时海面风平浪静，海水蓝得似天。突然，一个惊涛拍岸，卷起千堆雪，那浪白得煎盐叠雪般，十分壮观。

　　动物也出来迎接夏天的到来。小鸟十分兴奋，叽叽喳喳叫个不停。洁白如雪的白天鹅"啪"的一下飞上天，"沙沙"掉下来几根珍贵的羽毛。青蛙也来热烈迎接，"呱呱"两声，其他的青蛙也一起"呱呱、呱呱"地叫,像极了一个大型音乐团队。蝉也拿起他的小提琴,静静地拉了起来。夏天作为观众,细细地品味着里面深厚的含义。蝉拉了一首鸣奏曲,使我们人类迟迟无法入睡。然后是狗的演奏,"汪汪——"狗昂着头,看着天上刺眼的阳光,眯着眼,表演了一出仰天长啸。

最后是我们人类,有的人"扑通"一跳,游泳池中四处溅起水花,有的人"啪啪"两下就游到了对岸,有的人"咕噜咕噜"正在练习憋气。有小孩正在放风筝,嘻嘻哈哈玩得不亦乐乎。

夏天的声音是多么美妙,它们无时无刻不在陪伴着我们。

我的智慧锦囊
——读《增广贤文》有感

生活中有许许多多智慧锦囊，交通管理员有忠于职守的智慧锦囊，消防员有赴汤蹈火的智慧锦囊，比尔·盖茨有救助贫穷的智慧锦囊，《增广贤文》这本书中也有很多智慧锦囊。

《增广贤文》又名《古今贤文》，书名最早出现于万历年间的戏曲《牡丹亭》，最迟写成于明朝万历年间，经过明、清两代文人的不断增补，后又通过清代同治年间的周希陶装订，才有了今天的版本。

在这本书中有许许多多意义深厚的小故事，蔡顺拾葚告诉我们要孝顺父母，六尺巷的故事告诉我们要有广大胸怀，覆水难收告诉我们要吸取教训。书中我最喜欢的人物是季札，因为他十分讲诚信。"许人一物，千金不移"，季札赠剑的故事会永远地深深地镌刻在我的心里。有一天，吴国国君派季札去出使鲁国，一行人从吴国都城出发，一直向北走，走着走着，就走进了徐国的地界。"麻雀虽小，五脏俱全"，徐国虽然地方小，但平民百姓却过得很安稳。季札看见徐国一派国泰民安的景象，于是决定去拜见一下徐国这位贤明的国君。徐国国君得知吴国使节季札来拜访，大摆宴席盛情招待季札。徐国国君一眼看上了季札那把精美的宝剑，又不好意思开口，季札看穿了他的心思。在古代，佩剑是一种必不可少的礼节，决定出使完鲁国再送他剑。没想到，季札出使完鲁国后，徐君已逝世。于是，季札将剑放在墓前，履行了诺言。这个故事教会了我诚信的重要性。

关于诚信我还想到陆元方。陆元方卖宅院，也使我感触很深。有一个人叫陆元方，他十分讲信用。有一天，由于家里急需用钱，于是想把一个大宅院——锦绣园给卖了。他找到一个商人，以五十两银子为定金，后来有一个太守要买锦绣园，陆元方不肯。在太守的威逼利诱之下，他也不肯屈服，最终他与商人达成交易，商人在宅院里开了一个绸缎庄。

诚信在生活中是一种很重要的品质，我们要传承这种精神。

成长的脚印

　　人生是一条漫长的道路，这条路弯弯曲曲，十分坎坷，我们在上面留下了许许多多成长的脚印。这些脚印或美丽，或丑陋，但都是意义十足的，这一个个脚印可以让你知道你是怎样度过坎坷人生的。

　　这些脚印是勇敢的。有一次，我得了很严重的感冒，高烧三天三夜，我们到医院里去看医生。医生说："这个可怜的小朋友得了十分严重的感冒，得马上去抽血。"我们急忙赶到抽血的地方抽血，当时我怕得连魂都要吓出来了，抽了一管鲜红的血液，我看得眼泪直流。然后又挂盐水。挂盐水一直都是我最害怕的事，护士涂完酒精，把一根像圆珠笔芯一样粗的针插进去，在挂盐水时我觉得自己成长了，不但没有哭，而且还挺乖的，不动不闹，护士连连夸赞我，妈妈也表扬我。我再也不是从前那个三岁小毛头了——那年我五岁。

　　这些脚印是凹凸不平的。人生总会经历坎坷，古希腊著名哲学家苏格拉底说过："逆境是磨炼人的最高学府。"所以，我们要逆流向上。有一次，我们打篮球，对手利用保镖战术抢先得分，队友嘉乐气得怒发冲冠。有人提议："我们可以利用调虎离山之计。"嘉乐听了以后，顿时怒气全无，喜笑颜开。

　　我们队重新上场时，对方故技重施，还是采用保镖战术，我上前来了一个神不知鬼不觉的"黑虎掏心"，顺走了别人的球，对方几乎全部人员来围攻我一个人，完全没有注意到嘉乐和小蒋。我纵身一跃，传了一个高传球，嘉乐接到球便马不停蹄地向前冲，最后来了一个精准投篮。这时我们与对方打平。第三局被称为"终局之战"。我抢到球后，假意朝向嘉乐那一边，对方还真的以为我要传给嘉乐，都往嘉乐那边跑，我以迅雷不及掩耳之势，趁其不备传给了小蒋，小蒋跑到篮下，一个三步上篮，终结了整场比赛。

　　人生是漫长的，是坎坷的，在这漫长的道路上，留下你成长的脚印吧！

班长,我想对你说

　　岁月流转,转眼间四年级就结束了。其中,我印象最深刻的同学不是铁哥们儿灵宇,不是好兄弟小苏,也不是好朋友煜铭,而是一直以来与男生作对的"死对头"班长——添晴,因为我对她有数不尽的感激之情。

　　以前,我们井水不犯河水,相处得十分和睦,而期中考试考完的那一天,我们友谊的小船仿佛在狂风暴雨中航行,忽然一个巨大的浪涛向我们汹涌而来,"啪"的一声,小船被巨浪掀翻,我们两个之间的友谊也就此破灭。到底是什么使友谊的小船被巨浪淹没呢?原来,在期中考试考完的那一天,我兴奋至极,因为我语文考了全班第一名——92分!这让我感受到了前所未有的荣誉感,此时此刻,我仿佛像一名十分成功的攀岩者,爬上悬崖峭壁,到达顶峰,饱览世界的美丽风景。而班长瞧不起我,以为我考全班第一不够现实,于是一手抢过我的试卷,发动她的"特殊能力"——"钛合金找茬眼",仔仔细细地把我的试卷好好地从头到尾检查了一遍。她居然还真检查出了一个错误——我把"慰藉"写成了"慰一"。班长眼前像见着了黄金一般,兴奋地向老师冲去:"郦老师,他有错误。"我就这么"死"在了老师的无情打分手下,顿时感觉自己掉入了人生谷底,很失败,又感觉自己像一个登山者,刚上山顶就脚下一滑,抓着仅剩的藤蔓,摇摇欲坠,想与班长绝交。

而后来,我怒气全无,因为知道了一个故事——曾子杀猪。有一天,曾子的夫人到集市上去买东西,儿子哭着要一起去,曾妻对他说:"回来给你杀猪吃。"孩子这才安定下来。曾妻回来时,见曾子真的在杀猪,连忙制止。曾子向他的妻子解释了言而有信的重要性。原来,曾子想树立一个好榜样,我这才对班长的做法恍然大悟。

班长,谢谢你,教会了我什么叫诚信。

那一次，我真勇敢

　　生活会发生有许许多多事情，有的使你感觉愧疚，有的使你感觉震撼，有的使你感觉自豪，还有的使你感觉哀伤。而发生在我身上的一件事情使我感觉到了勇敢。

　　夏天到了，烈日炎炎，太阳无情地炙烤着大地，许许多多的人都被热得汗流浃背。人们吃起了冰棍，一个个跳下水游泳。现在地面已经被太阳晒得像一个大烧烤架，老老少少一个个跳入冰凉的水中游泳，才三岁的我看到这一幕奇怪的景象，十分不解，便向爷爷问道："他们在干吗？"爷爷说："他们在游泳。"于是，我头脑一热，决心要学会游泳。

　　我刚来到游泳馆时，十分胆怯，呆若木鸡地蹲守在水边，静静地看着湛蓝的水面，不敢下水。生怕自己掉下去，游不起来，溺水而亡。老师见我还不下去，便推了我一把。我是一只名副其实的"旱鸭子"，掉入水中像一只呆头鹅一样，手忙脚乱，双脚用力地向后蹬，手也努力地拍打着水面，所到之处水花四溅。我努力往前游，奈何受到的阻力太大了，我的力气也在渐渐地消耗殆尽。到没有力气的时候，我放弃了逆流而上，而是随波游荡，整个人如同在水中打圈圈。老师见我悠闲自得的样子，立刻把我从水里捞了起来。于是，我的第一次游泳就铩羽而归。

　　虽然第一次我失败了,但我并不灰心,也不就此放弃,反而越挫越勇,哪里跌倒就从哪里爬起来。第二次游泳我变得更勇敢了,纵身一跃,跳入水中,自信地向前方游去。老师见了十分欣慰,于是便教我蛙泳。蛙泳要先收腿,再蹬开,蹬腿时要十分用力,因为只有蹬腿才会使你前进。我听了之后信心满满,勇敢地向前游去。游到一半时,体力没了——体力不足一直是我的软肋——所以第二次尝试也失败了。

　　第三次尝试也是最后一次,我汲取前两次的教训,把握蹬腿的力度,又去学手势。我用功地去练习,划呀划,终于,我学会了游泳。

　　这一次,我勇敢地面对,也让我明白了:只要勇敢地面对困难,没什么克服不了。

游杭州

　　我去过风景如画的厦门,去过连绵起伏的覆卮山,去过惊涛拍岸的舟山,但令我难以忘怀的还是有着"上有天堂,下有苏杭"美誉的杭州。

　　我对许许多多到过杭州的大学问家都发出钦佩的感叹。当年,苏东坡在杭州做官的时候,饱览了西湖的芳容,于是就写了"欲把西湖比西子,淡妆浓抹总相宜"这样富有诗情画意的千古名句。杭州也给白居易留下了深刻的印象,于是他写出了"江南忆,最忆是杭州"。如今,我也像他们一样去游览杭州。

　　那天,我与妈妈和两个姐姐去游览杭州,我们坐上地铁,开始了我们的杭州之旅。我们一路上说说笑笑,大约过了一个半小时之后,我们在龙翔桥站下车。我迫不及待地飞奔了出去,然后就被眼前的景象惊呆了。在杭州的湖滨银泰城里,人潮汹涌,一派热闹的景象。实在是不负杭州"新一线城市"的这个盛名,这里比绍兴的金帝银泰城可要热闹多了。我们走出出口,来到了银泰城外面。又是一派新的景象,人山人海,车如流水马如龙,高楼耸立。三百六十行,哪一行不在这一座风景如画的大城市中?虽然烈日当头,太阳肆无忌惮地用酷暑炙烤着大地,但是我已经被震撼到了,完全顾不上炎热,兴奋地对妈妈说:"妈妈,妈妈,我们快去西湖吧!"于是,我们迈着欢快的步伐,向西湖进发。

杭州美,最美是西湖。如果去杭州却不去西湖,那就太可惜了,因为你不但没有欣赏到西湖十景,而且还会失去学到许多知识的机会。天朗气清,惠风和畅,我们首先来到了西湖的苏堤,苏堤是苏东坡在杭州做官时为疏浚西湖建成的长堤,后来世人就以他的姓来命名。那里鸟语花香,我也看到了"小荷才露尖尖角,早有蜻蜓立上头"。可惜去的时候是夏天,若是春天,我们还能看到西湖十景之首——苏堤春晓。我们乘船又来到了三潭印月。三潭印月由三个像小石塔一样的东西组成,呈等边三角形分布,每边长达六十二米,听说在八月十五中秋节之时,最多可以映出三十三个月亮。

杭州的美景给我留下了深刻的印象,使我永远无法忘怀。

心爱的化石

　　傍晚,红红的太阳渐渐地落下去,天空呈现出淡淡的浅绛色。我走在宁静的人行道上,一边走,一边看着我手中的两块三叶虫的化石,不禁思潮涌起,感触至深。因为它使我感悟到了永不言败的精神。

　　三叶虫大约出现在比恐龙最早出现的三叠纪更早的泥盆纪,它在小行星撞击地球的时候存活了下来。化石上显现着许许多多的故事,所以我对它们十分爱惜,每天把它们擦得亮晶晶的,虽然这块化石外表看起来凹凸不平,十分丑陋——但在科学家的眼中,凹凸不平的化石并不丑陋,并且这些不平之处也有可能是证明三叶虫是现存生物祖先的一个十分重要的证据,珍藏价值颇高。

　　两块化石的来历也不简单,是我在"铁血训练营"的活动中,从野外挖到的,纪念价值很高。有一天,我收到了一个巨大消息,"铁血训练营"举办了一次"野外房车"活动,我赶快催促妈妈报名。报了名之后,第二天我就去参加活动了。我一路上过五关、斩六将,终于到了最后一个关卡——寻找并挖掘三叶虫化石。我们所要携带的物品有防尘眼镜、铁镐与帽子。宣布完规则之后,大家都赶忙上坡寻找三叶虫化石。

　　我看见大家都在奋力挖掘三叶虫的化石,也开始努力挖掘。我东找找,西摸摸,但是依然一无所获。"失败是成功之母。"我在快要放弃的时候想到了这一句名人名言,于是心里默默地鼓励自己:不要放弃,也不要气馁,胜利就在眼前,要永不言败。于是我又尝试上上下下搜寻了一遍,还真的挖掘到了两块三叶虫的化石。

　　回家后,爸爸劝我丢掉这两块三叶虫的化石,因为它并不值钱,我回怼爸爸:"爸爸,虽然化石在您的眼中并不值钱,但这是我通过努力得来的,在我的眼中是无价之宝。"爸爸被打动了,所以便同意我把它们留了下来。

　　从此它们成了我的心爱之物,并且无时无刻不在告诫我:面对困难,要乘风破浪,要勇敢克服,还要永不言败。

家乡的四季

　　家乡是风雨中的一座灯塔,家是阴暗环境中的那一缕耀眼的光芒,家乡是寒冷冰川上的一丝温暖。家乡为我们付出了许多,家乡的一年四季也是如此美丽。

　　春天,从东方升起的红日所散发出来的那一束金光洒在窗棂上时,我就已经感受到春天在人们不注意的时候悄悄降临于人间。春日是一派春意盎然的画面,绍兴的代表路——石板路在经过一场春雨悄无声息的洗礼后,一株不怎么引人注目的小绿芽从长满苔藓的石隙中顽强地爬了出来,这一派生机勃勃的场面使我慨叹:"花花草草都如此努力地长大,人岂不是要更加努力地去学习?"

　　夏天,那一轮红日如同炭火一般炙烤着大地,似乎拥有无穷的热情来迎接人类。那一方池塘里一束荷花从池塘中央生长出来,荷叶连带着浮萍一同向四周漂去。荷花的美在古人眼中地位与牡丹、秋菊平起平坐。宋代周敦颐曾写了一篇散文《爱莲说》,其中有一句为:"予独爱莲之出淤泥而不染,濯清涟而不妖,中通外直,不蔓不枝,香远益清,亭亭净植,可远观而不可亵玩焉。"可谓莲乃花中君子也。

　　秋天,农民此时正在享受着丰收带来的喜悦,然而在享乐的同时,大地也遭受着百花枯落的无限摧残。可就在这一个享受与凄凉交织的季节里,那一束菊花打破了那寥寥的凄凉,晋朝诗人陶渊明隐居于田园之后,写了"采菊东篱下,悠然见南山"的名句。

　　冬天,大雪纷飞之时,荷尽菊残,只见家门口的一棵棵不畏严寒的青松,似乎个个都在念着陈毅元帅的那句"要知松高洁,待到雪化时"。

　　绍兴的一年四季风景不断,怎么也道不尽这美丽的绍兴古城。

乡村小路

世界上本没有路，走的人多了，也便成了路。

——题记

外公家门前有一条小路，小路虽然经历着风吹雨打，早已破败不堪，但是它却教会了我许许多多的人生哲理。

这条小路教会了我珍惜时间。苏轼在《浣溪沙》中说过："门前流水尚能西，休将白发唱黄鸡。"时间不等人，我们更加不可以将我们的大好青春等闲虚度。有一天，我站在小路上，看着边缘的潺潺小溪，陷入了无尽沉思：如果可以长生不老的话就好了。"不！"一个声音从我脑海中传了出来，我又转念一想：如果我们的生命可以永无止境的话，还值得苏轼发出"会挽雕弓如满月"的慨叹吗？还值得李涉写下"策马前途须努力，莫学龙钟虚叹息"的鼓励吗？我冥冥之中似乎想通了什么，心中刻下了四个大字：珍惜时间。

这条小路教会了我什么叫乐观向上。一年冬天，大雪纷飞，我因为考试没有考好，十分颓废，整天愁眉苦脸，于是又站在了那条破旧的小路上。冬天本应是百花枯落、甚是凄凉的场面。然而梅花却不那么认为，它不畏风雪，把它的幽香带到冰天雪地的大地上来——一朵梅花从缝隙长了出来，于是我明白了培根的名言:"失败是成功之母。"又想到了蒲松龄止步于秀才,但是经过不断地学习、重考,终于在71岁时成了贡生,我瞬间醍醐灌顶。

这条小路教会了我母爱有多么伟大。大文豪雨果说过:"慈母的胳膊是由爱构成的,孩子睡在里面怎能不香甜?"有一天,我与母亲闹掰了,我生气地迈着沉重的步伐走上了小路散散心。不想在小路上看到乌鸦反哺的一幕,我感触至深。古有乌鸦反哺之恩,羊有跪乳之情,今有大象救母心切,小狗替母被害。我们人类如今却没心没肺,随随便便就与自己的母亲闹翻天,可真是动物也不如啊!我自愧不如。

外公家门前的乡村小路虽然朴素简单,但它教会了我那么多道理。它在我的心中,绝非一条普通的乡村小路那么简单!

鞠躬尽瘁，死而后已
——读《诸葛亮》有感

　　手持羽扇，头戴纶巾，谈笑之间，天下已成三分，此神人正是诸葛亮。

　　《诸葛亮》这本书主要写了诸葛亮的童年、生平事迹等，也有如"火烧博望坡"等脍炙人口的故事。

　　我觉得诸葛亮是一个集所有赤诚于一身的人。丞相祠堂仍在，隆中旧梦已远。为酬三顾，先生在历史舞台闪亮登场。空城观景，胸藏精兵百万；轻摇羽扇，已成天下三分。然出师未捷身先死，孤忠一片，可叹蜀道寒云。江流石转，千古成败付诸笑谈，先生之名如不坠的孔明灯，永照汗青。刘备死后，诸葛亮干了一件大事，便是七擒孟获。刘备驾崩后，刘禅登基不久，南蛮大乱，刘禅派诸葛亮去平定南中，首领孟获大举入侵蜀汉，诸葛亮任命赵云、魏延为大将，王平、张翼为副将，以关索为先锋，起兵五十万，向益州进兵。诸葛亮进军永昌城，收复了高定，高定斩杀了朱褒、雍闿等叛将，解了永昌之危，犒赏永昌太守王伉，召见吕凯，命赵云、魏延等良将率精兵大破孟获，这样七擒七纵过后，孟获深知自己不如诸葛亮，诸葛亮因此平南中，收孟获。看到这里，我想如果擒孟获的诸葛亮是我，我可能等不了七擒七纵。

诸葛亮使我想起了《三国演义》里的关羽。刘备与曹操兵力相差悬殊，被曹操轻而易举地打败了，只得投靠他人，然而关羽更惨，被生擒至曹军大营。曹操知道关羽是一个忠勇双全的大丈夫，便打消了杀掉关羽的念头。关羽身在曹营心在汉，随曹操征讨袁绍，斩颜良、诛文丑，得知刘备还活着，他过五关斩六将，重新回归蜀汉。

诸葛亮一身孤胆、孤忠、孤勇，实在令人钦佩。

奶奶家的阳台

每一个人都有自己心中的美景，有的人心中的美景是法国的卢浮宫，有的人心中的美景是埃及的金字塔，有的人心中的美景是古希腊的帕特农神庙，而我却喜欢奶奶家的阳台。

奶奶家的阳台虽然不起眼，但它却承载着我许多的童年记忆。

早晨，东方已经露出鱼肚白，幼稚的我询问爷爷："爷爷，那是什么？"爷爷咧开嘴笑了起来，那些白花花的头发似乎也黑了一些，对我说："那是日出，太阳马上要升起来了。"我也咧开嘴笑起来。太阳的轮廓渐渐地从我眼中浮现出来。忽然，太阳射出来几道刺眼的红光，我连忙用手挡住。几股温暖的东风轻拂着我的脸，我把手慢慢地垂下来，那一轮红日从地平线上"噌"的一下蹿了上来，栏杆边上的多肉也被照得红艳艳的。我和爷爷两人互相对视之后，哈哈大笑起来。

中午，河面上有层层涟漪，我趴在栏杆上，以"上帝的视角"鸟瞰马路全景，奶奶登到屋檐上，小心翼翼地向陈旧的天窗走去，她握住把手，向左一转再向上一提，只听见"吱呀"一声，天窗被打开了，一束束太阳光宛如一缕缕金丝射入小房间,太阳也像一位心灵手巧的姑娘一样,把一缕缕金丝放在梭子上,开始织布。暖暖的春风轻轻地抚摸着我的脸庞,我也闭上眼睛,沉浸式地去体会那和煦的春风与似火一般热情的阳光,我不禁感叹道:"啊,春风轻抚着我的脸颊,真舒坦!"

傍晚,酡红的太阳渐渐地落了下去,天空也变成了浅绛色的,我扭头俯视那一条幽静的林荫小道,有一种意义非凡的享受,这种享受到现在还氤氲于我心中。一天中爷爷奶奶的各种教诲萦绕在我的耳畔,使我体会到了在其他地方无法体会到的意境。

夜晚,天也暗下来了,璀璨的群星环绕在明月周围,像昔日清朝圆明园周围的小园围绕着圆明园一样,使人心中萌生一种发愤图强之情。

奶奶家的阳台虽然小,但早、中、晚不同时段却能给人不同的感受,可谓独具一格。

"脸谱"老师

在我第五年的学习生涯中,我认识了一些新老师:有宽容大度的马老师,有严肃守纪的谢老师,还有和蔼可亲的王老师……但是给我印象最深的还是会"变脸"的郦老师。

郦老师戴着一副金框眼镜,镜片上还微微泛着寒光,让人有种瑟瑟发抖的感觉。她有着一头乌黑发亮的头发、一双尖锐犀利的眼睛和一只直挺挺的鼻子。她平时不常说话,一说话就像连珠炮似的说个不停,真是一位极具特点的老师。

郦老师的另一大特点就是"变脸"技术高超,先来看一看代表生气的红色脸谱。郦老师生气时,就连胆大包天的嘉豪也惧她三分,慌慌张张地向郦老师求饶:"郦老师,放过我吧!我再也不敢'作死'了,呜呜。"我更是被吓得冷汗直流,心里暗自庆幸道:"呼,还好我不是那些倒霉蛋中的一个。"有一次,我们放完台风假回来,她见我们眼神涣散,注意力不集中,大发雷霆,怒发冲冠,脸被气得红彤彤的,离关云长就差美髯胡与青龙偃月刀了,她又以张翼德威震夏侯惇的威力,使出了河东狮吼:"你们怎么回事,放完假就这副样子,赶快给我去写检讨书,还要补作业!"有人差点被吓晕了。

接下来是代表勤恳的黄色脸谱。郦老师一直笔耕不辍,像一头吃苦耐劳的老黄牛一样,教我们认真读书,从来不喊一声累,像极了现代版的诸葛亮。有一次,她为了让我们的课外知识更加丰富,为我们做了二十四本推荐书目,其中包含了《傅雷家书》《钢铁是怎样炼成的》《假如给我三天光明》等名著,其中付出的心血一定不少。

最后是代表认真的蓝色脸谱。她上课思路、层次十分清晰,几乎班上的所有人都可以听懂,被我称为"新乐府运动的现代版",因为它十分通俗易懂。有一次,在讲一首词的时候,其中有一句我们不理解,直到她道出其中的精华,我们才恍然大悟。

"落红不是无情物,化作春泥更护花。"郦老师诲人不倦,我们太喜欢这位具有个性的语文老师了。

俞玥滢

四年级

朋友的关心

　　他，是一个快乐的少年，每天从早到晚，脸上总是绽放出无比灿烂的笑容，笑脸在阳光的照耀下闪闪发光。

　　他，是一个活泼开朗的少年，拥有一个幸福的环境。每天十分钟之内，他一定要说几句话。

　　他，在学校里有一个好朋友叫彼得娜。她总能在他伤心、生气的时候安慰他。他就是——心心乐！一个无比奇怪的阳光少年！

　　而有一天，当心心乐回家的时候，发生了一件令他生气的事情……

　　"啪嗒——"当心心乐漫不经心地走路时，突然被一阵强大的力量推倒了。当他再次站起来时，身上已经沾满了深黄色的泥土，于是他赶快跑回了家。

　　夕阳渐渐退去，只剩下一点点红色的光芒在天空中感叹。

　　"为什么你身上这么脏？你就不能学学彼得娜？"心心乐听了妈妈的话，生气极了，推翻家里的板凳就往外面跑。此时夜幕降临，门外的路灯亮了起来，心心乐不顾前面有什么，飞速跑着。

　　"这个小男孩怎么回事呀？"一个声音在小道中回响。"是谁?"心心乐摆出了防御姿势。过了一会儿,心心乐又听见了一样的声音。他坐了下来,抱住脑袋大哭起来,直到泪水慢慢地打湿了地面,他才停止了哭泣。

他站了起来,一步一步向前挪去。一弯明月高悬夜空,月亮是那么宁静,那么和蔼。心心乐抬头望向月亮,他仿佛看见玉兔正仰着脸嘲讽自己:"哈哈! 心心乐竟然在哭鼻子,我看可以叫'哭哭洼'!"

心心乐慢慢走向黑暗中,心想:"妈妈为什么不喜欢我? 这里好黑,我好害怕,如果妈妈在就好了。"黑暗中,两边的房子投射出一片长长的影子。"他怎么这么胆小?"那个声音又响了起来。心心乐倒退几步,一转身,向后飞奔了起来。"他怎么这么胆小,这么胆小……"那个声音在他耳边掠过。心心乐大喊起来:"见鬼啦! 见鬼啦!"随后头也不回地跑开了。

渐渐地,心心乐来到了一条宽阔的马路上。他坐在一户人家的门口哭泣着。他就这样不停地哭,不停地哭,不知不觉地睡着了,也不知道太阳已经开始一点点上升了。

"吱呀——"一声,门开了。"啊! 心心乐! 你怎么会躺在这里?"一声尖叫响彻云霄,仿佛冲破了云层。心心乐被惊醒了。"啊! 彼得娜,怎么是你,你怎么会在这里?""……这话还得我先问你。这是我家呀! 我当然在我家里呀!"一阵沉默后,彼得娜先问了起来:"我是你的好朋友,心心乐。你把事情跟我说说,好吗?"她走了过来,坐下来,看着心心乐。心心乐抹了抹眼泪,把他怎么摔倒,怎么生气地离家出走,又怎么听到古怪的声音,最后又怎么跑到彼得娜家门口的来龙去脉说了一遍。

彼得娜扶了扶眼镜,动了动眉毛,问心心乐:"你对阿姨是什么样的看法?""不太好,她总是说'学学人家彼得娜!'"心心乐模仿着说。"嗯,看来情况不是特别好呢! 但是你有回去的想法吗?"彼得娜又问。"有倒是有。""那就好,我陪你回去,保准让你不害羞!"说完彼得娜像个小大人似的,走进房里,拿着早饭袋与心心乐一起走向了他的家的方向。

"咚咚咚——""阿姨! 快开门呀!""吱呀——""谁呀……"只见心心乐的妈妈眼眶通红地走了出来,一看就是哭了一整夜。

"心心乐?""妈妈!"心心乐抱住了妈妈放声大哭。"妈妈我再也不离家出走了!""我也再也不拿你和彼得娜攀比了!"

"彼得娜?"当心心乐和他的妈妈哭完以后,突然发现彼得娜不见了,只留下了一张纸条。

亲爱的心心乐:

你好!

作为朋友,我高兴你和阿姨团聚了! 今天是星期六,祝你玩得愉快！

祝：

开开心心！

你的好朋友：彼得娜

2021年3月8日

　　"海内存知己，天涯若比邻。"自从心心乐回家后，他感受到了朋友的关心、帮助，感受到了有朋友是一件多么美好的事情。

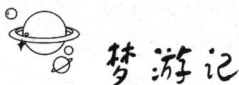

梦游记

高尔基曾说过:"书籍是人类进步的阶梯。"我也确实感同身受。

记得那一天,我手里捧着一本书正专心致志地阅读着。没过多久,我的眼睛就开始睁睁闭闭,脑袋开始摇摇晃晃。我便在那忽明忽暗的灯光下睡着了。

阿里巴巴与四十大盗

我看见了阿里巴巴的身影,吓了一跳。怎么会是他呢?我问道:"难道你就是无人不知的阿里巴巴吗?能见到您真是三生有幸呀!"阿里巴巴似乎看见了我,向我所站的地方挥了挥手,示意我过去。我立刻明白了他的意思,迈开脚步大胆地走了过去。阿里巴巴带着我走到他的毛驴旁,他让我坐到了毛驴的背上。随后阿里巴巴带我到了一个从未去过的地方。那里有一个用石头砌成的山洞,门是用铁块筑成的,别有一番风味。

这时一伙强盗走来,阿里巴巴急忙把毛驴拉到树后面。我的心都提到了嗓子眼儿,手微微颤抖,心想:怎么办?怎么办?我会不会被打死呀?一个个可怕的场景浮现在我的眼前,我害怕极了。

就在我害怕的时候,阿里巴巴、毛驴、强盗们……一切都不见了,世间万物都变得越来越透明,最后我的眼前一黑,摔了下去,掉到了地上……

永远哭泣的老人

不！这不是掉在地上,而是掉在了一片软绵绵、金灿灿的沙滩上。

这时,一只老鹰飞了过来。落在我面前,抓住了我的两只胳膊。老鹰抓着我在天上飞呀飞,飞呀飞……把我扔在一个富丽堂皇的宫殿里。

我脑子一片空白,因为一切发生得太快了。从掉在沙滩上到老鹰带我飞又到我被扔在王宫门口——真是太古怪了,却让我感到有些似曾相识。我的眼睛不由得眨了一下,又闭上了。当我睁开眼睛的时候,一朵云彩带着我在印度天空中飞翔,北风吹着我的脸。

突然,我掉下了云彩然后惊醒了。原来我看书的时候睡着了,正躺在地上打滚呀！

如果可以的话,我真想要在书中遨游,让我能更好地汲取书中的知识,在书中游玩！

四季的担当者

没有担当,没有责任,哪有现在美好的生活? 哪有现在灯火辉煌的街道? 哪有现在幸福安宁的国家? 所以,每个人都需要展现出自己的担当。

小·草的担当

小草需要有担当。"岁月不居,时节如流。"春天来了,万物复苏。如果没有小草的生长,没有嫩芽的苏醒,谁还可以清楚地感受、清楚地认知春天已经踏着湿润的泥土,将世界唤醒,慢慢地向我们走来呢? 所以小草必须要有担当。

烈日的担当

烈日需要有担当。春天离去,夏日慢慢靠近我们,一点点把艳阳播撒下大地,好似农民把种子播撒下田野一般。每当人们一蹦一跳跑到沙滩旁时,烈日也会急急忙忙赶到。烈日的到来宣告着热夏的开始。

"橙"的担当

烈日消散,丰收的气味越来越浓了。"橙"需要有担当。

原来嫩绿的叶片,变成了金灿灿的;原来孤零零的枝干上,挂满了橙黄色的诱人的果实;原来五彩斑斓的城市,被金黄冲刷。到处都是金黄的"领地",一切都变成金黄色的了。

"橙"的担当让我们觉得有趣而又奇妙。"咔嚓——咔嚓——",这是"橙"的护身符。黄叶散落在地上,一踩,"咔嚓——",再踩,"咔嚓——"。这多么有趣而又奇妙啊。

雪花的担当

雪花需要有担当。这是一个寒冷的季节,路上,结冰的水面映照着蓝天。花园中,花儿脸上结起了一片片寒霜。屋子里,火炉轻轻鸣响着,与外面全然不同。

仓鼠桃桃的奇特之处

　　"蚂蚁搬家蛇过道，大雨马上就来到。"多多观察我们身边的动物朋友，总会得到一些有趣的发现。

　　有一天晚上，我正在给我家的仓鼠桃桃喂食。那时，我伸手拿起准备好的"冻豆腐"塞入铁栏中给桃桃吃。桃桃像只饿狼似的，踏着欢快的步伐，挺着瘪瘪的小肚子跑了过来。她将两只前爪搭在铁栏的间隙里，张开大嘴，似乎在说："主人，我饿！主人，我饿！"我咬了咬牙，无奈地将"冻豆腐"交给了她。只见她狼吞虎咽地吃了下去，好像只花了一秒的工夫就吃完了。突然我发现桃桃两边的腮帮子像两个小皮球似的变得圆溜溜。我瞪大了眼睛，想知道原因，于是跑到"书堆"中，仔细翻找起了有关仓鼠的资料。我看得聚精会神，但是每找到一本不相干的，我都要卷土重来，从零起步，这令我有些沮丧。

　　过了一个小时，我终于找出了理想的答案。我一蹦三尺高，好像这是什么伟大发现似的。原来呀，仓鼠拥有颊囊，可以把许多食物都放入颊囊中，等我们离开后，仓鼠就会将颊囊中的食物吐出来，放进窝里，再细细品尝。

　　有了这个发现，我打算去验证一下，这样我会更加清楚明了。我又将"冻豆腐"交给桃桃,假装离开并躲在门背后暗中观察。我心想:小家伙,你快点把"冻豆腐"给吐出来呀!果不其然,桃桃把"冻豆腐"吐了出来后,就自顾自地玩开了。我便偷偷地走开了。

经过这次的翻找,我更加喜爱探索,也更加喜爱我身边可爱的小动物了!

动物们让人类获得了启发。看到蜻蜓,人类发明了直升机;看到章鱼,人类发明了吸盘式衣架;看到蝙蝠,人类又发明了雷达。大自然,真是有趣而又奇妙。

四君子之一——菊花

　　菊花是一种品种很多的花，属于非常好养的植物。它的花一般开在秋天，颜色也很丰富。菊花象征着高洁、正直、吉祥和长寿。

　　菊花颜色很多，最具代表的便是橙色和红色，因为这两种颜色代表着吉祥、长寿，古时王宫里经常可以看到。菊花还有很多颜色，例如黄、绿、粉……双色就更美丽了，看起来就像两种颜色叠加起来一样。

　　菊花的样子更是数不胜数。有的像千手观音拉出许多根细丝；有的像一颗金绣球，一团团、一簇簇的；还有的像一个迎面而来的笑脸，有时会让人吓一大跳！从近看可以非常清楚地见到菊花的样子，但是远看就不同了，远看像一块漂亮的地毯盖在叶柄上面。花蕊里面由绿绿的一点点组成，未开放的花，叶子紧紧贴着花瓣，好像怎么拉都拉不开。

　　"姹紫嫣红扑面来，群芳摇曳送清香。"闻一闻，菊花有一种和艾草相似的味道，真是沁人心脾，让人感到清爽。

　　菊花的叶子是深绿色的，有点像调味菜——香菜的样子。一根茎上的叶子紧贴在柄上，越往下叶子就越茂密、越大。有些叶子的根部明显有点发黄，干皱了。

茎与根部越近的地方越粗,越远的地方就越细。粗的地方,好像已经与根部融为一体似的,找不到茎的所在之处。

菊花的根部非常粗。如果你用手轻轻触摸还可以发现一些细小的短毛。远远看去它的颜色便减淡了三分,应该是那些细小的毛导致的吧!

菊花不仅非常美观,而且用处也有许多:有净化空气,释放出氧气的效果;有作为药材的功能;有可以泡茶的功用。

云松美景

　　小桥流水人家，溪上青青草。在这片芳土上，最令我难以忘怀的还是云松村的美景。

　　在云松村，你一定要去走走小道与石板道，因为道路旁的大自然很美丽。虽说山路是那么崎岖，但鸟鸣虫唱的声音就响在你的耳边。放眼望去，远处的田野像一大块绿翡翠，而那些湿软的泥土就像是翡翠上的花纹。它们似乎对于一切事物都无动于衷、不屑一顾，认为自己美丽如画！而那些石板道上的石块，每一块都有自己的特点：有的细长，像一根麻绳；有的浑圆，像一个月饼；还有的形状奇特，就像是一颗黑宝石镶嵌在其他石头之间。这些石块是不是非常可爱呢？

　　在云松村，你一定要看看那一片梯田与"大茶壶"。远远望去，那一大片梯田犹如绿油油的锦缎般铺遍山间，那锦缎时而上，时而下，时而宽，时而窄，但是它们却仍旧紧紧贴住一个如白玉般明亮的茶壶。茶壶就像是被谁拎在半空中倒茶，它旁边还摆放着许多个茶杯。每到整点之时，茶壶的"口"中就会流出汩汩清泉，而旁边也会冒出洁白的烟雾。从远处看，那里简直就是一处仙境。近看，哪里还是绿油油的锦缎呀，明明就是大片大片的茶地嘛！每一棵茶树，每一片茶叶都是如此生机勃勃,充满了蓬勃的朝气。

　　而那里的菜园也是如此奇妙。当你走上前去,一片绿意就会映入眼帘。地上的小昆虫爬来爬去寻觅食物,它们从这里爬到那里,看到不是好吃的便悻悻而去,似乎是去汇报情况,然后立刻就会换个方向继续寻找,它们从不气馁,真是"人心齐,泰山移"。

　　那里的房屋也有几分绍兴人熟悉的味道,都是白墙黑瓦。

　　青绿的菜园,白墙黑瓦的房屋,芬芳的花香,组成了美丽的乡野之夏。

猫妈妈的爱

　　我清亮的双眸中看到过许多温暖,其中最明亮最温暖的,是猫妈妈的精心爱护。

　　那是一只拥有雪白皮毛的野猫。它拥有慈祥双眼,还有一条又细又长的白尾巴。每次我回家时,它都在我们家的车库门口静静坐着,如同一尊雕塑,一动不动。而我一走,它便一溜烟地跑走了,只留下纷纷扬扬的尘土在原地飘荡。

　　直到有一天,我发现它是一只有爱的猫。

　　那天,我发现她的动作变得迟缓了,肚子也一抖一抖的,似乎要生小猫咪了。我将小鱼干一点点掰给它,它闻了闻,狼吞虎咽地吃了起来,吃完还满意地舔了舔嘴巴。它一步步走进楼道,躺在地上休息,那副模样,让我觉得很可笑。

　　又过了几天以后,她生下了一窝小猫咪,每一只都没长出几根猫毛来,显得格外娇嫩,连眼睛都还是半睁半闭的。它们在楼道里一步步走着,似乎在为妈妈展示自己走路的新本领。而猫妈妈严厉地叫了几句,似乎在告诉奶猫们:"嗨,小心呀,快点回来吧。"然后就静静观望着自己所养育出来的小生命。空气此时也仿佛凝固住了,等待着下一个欢乐的时刻。

几天后，当我再次去看望小猫们时，发现它们都长大了不少，正依偎在猫妈妈的怀里。而猫妈妈是保持着庄严的姿势躺着，它用舌头帮每一只小猫咪洗澡，只见小猫咪们抖抖身，尽情享受着母亲的爱抚与明媚阳光的照耀。你看，它们一只只在地上打滚，别提有多享受了。

一天傍晚，正当我打算上楼时，发现了一群小猫，正是猫妈妈哺养大的那群，它们都在楼道间奔跑，而猫妈妈也跟着它们走。它似乎在边走边想：我的孩子都已经长大了，每一只都勇敢起来了，因为这是我的孩子，只有我的孩子才能这么勇敢。而我从它眼中看出了欣慰，这让我感到很是温暖。这种温暖是一种爱，是一种无穷的力量。

架起心灵之间的桥

　　都说"五岳归来不看山，黄山归来不看岳"，但我却觉得神仙居的美景同样让我感到震撼。

　　沿着爬山前的小道往前走，可以一路向上冲的坡度已勾起了我的兴奋与喜悦之情，它好像在告诉我，这将是不同寻常的一天。没过多久，缆车站便到了，我们走进站口，一个个缆车车厢像是在欢迎我们的到来。等我们进了车厢，门慢慢合拢，车厢开始向山顶爬去。过了不一会儿，车站已变得渺小，渐渐消失在了我的视线范围里。我向下望去，在脚底下，竟然有着一条条小路，这令我有些难以置信，也许曾经修缆车道的工人就是从这里走上去的吧。

　　几分钟之后，当车门再次打开时，我们就到步行区了。我们走出车站。令我意外的是，迎接我们的并非上山的阶梯，竟是又长又细的电梯。并且一台还不够，共有两台。我有些害怕，但也只能走上去了，这也许是我第一次乘坐"山上的电梯"吧！

　　乘坐电梯之后，紧跟着的便是南天桥。虽然南天桥的外观很普通，但是走上去却让人胆战心惊。突然，一场大雨倾盆而下，雨点击打在桥上的木板上，让桥变得非常滑，栏杆也被冲洗得干干净净。可没过多久,雨就停了,太阳也绽放出了笑脸。天气变化得好快,我有种刚才没有下过雨的错觉。

在路牌与旅游路线的指引之下,我们来到了莲花台。只见莲花台有钢筋托着,宛若一位美丽的花仙子。在它的外围,蓝色的铁丝带有一种优雅的感觉,而那中间的玻璃也显得格外纯洁,令人难以忘怀。在那之上,迎面而来的是观音峰,只见它如擎天一柱,孤峰突兀,形象酷似观音双手合十,它的峰高有919米,非同小可。

山路时上时下,看似只有短短一段,走起来却非常累人,原本充满激情的我也累坏了。除了南天桥外,卧龙桥也非常有趣,它的外形就犹如两条巨龙缠绕在一起,很有气势。彩色塑胶铺成的桥面,反而更加突显了其与众不同。在那之后,圆梦桥像只跟屁虫似的,紧跟而上。这座桥非常长,远远看去像立交桥一般。但它可是用两座桥拼在一起的,如果你不仔细看完全看不出来,真是奇妙无比。

最令人震撼的还是如意桥。它分上、下两层,上面由金黄色的石子铺成,下面由铁丝网搭建,从侧面看就像一块如意,真是"横看成岭侧成峰,远近高低各不同"。过如意桥时我一步步向前挪动,走到桥中间时更是害怕。但胜利就在前方,为了胜利,我只好继续向前奋力挪动。

走完如意桥时,我的心灵仿佛搭起了一座桥,一座要勇往直前的桥……

那一次，我真遗憾

　　情感，是一点点累积起来的，它往往蕴含着丰富的色彩与一段不同寻常的故事，这些故事中多是由各种小事组成的大事。我就有这么一件令自己感到遗憾的事。

　　记得上次，我们在家楼下放上了花盆，并栽下了两棵番茄苗。就这样，承载着我的愿望，番茄苗逐渐长大了。它们就好像两个小孩，被我养育长大。那嫩绿的叶子告诉我，它们还"年轻"。慢慢地，番茄长出了花苞，花苞中柔嫩的黄色花朵也已清晰可见。当水浇下时，泥土上的裂缝便一一合拢了。泥水在花盆中飘荡，显得有些凄凉。而那小苗就犹如海上两个繁华的国度，衬托出了一种不一样的境界。

　　几个月之后，小苗上便开始长出果子来。那果子虽不大，但水灵灵的颜色也非常诱人。又过了几天之后，果子已经成熟，一口咬下去，一股清凉的感受使我为之一震。这不断结出的果实，也让我非常有成就感，似乎使我的成长之路变得更加丰富了些。就好似在人生书信之中，留下了一些金色的笔痕。

　　可是就在一个月之后，番茄苗不再健壮，叶不再嫩绿，而果实也不再生长。番茄枯萎了……我不忍心将其拔出丢弃，仍让它留在花盆中,放在地上,也许这就是所谓的"安息"吧!
再看看枝上未成熟的果实,它们不再水灵,而是变得干巴巴
的,似乎中了黑魔法似的,不再充满生机。这令我感到无比
抱歉与遗憾。

　　又过了几天,迎来了一场大暴雨。狂风大作,雨点清洗
着窗玻璃,使外面变得一片模糊,而隐约可以看到,番茄枯枝
被吹得东倒西歪,叶子不停地摇晃,好像发疯了一般。雷声
同时也在天空之中作怪,显得格外诡异。当我再次下楼时,
花盆已碎成两半,泥土也散落于盆外。看着这幅景象,我真
为这个花盆和这两枝小苗,还有已经干枯的果实感到遗憾。
这时,一阵雷声震耳欲聋,雨落下,似乎在哭诉着番茄苗的遭
遇。我将花盆修补好,重新放回了原来的地方。

　　在这之后,我牢牢记住了生命的脆弱,同时也告诫自己
要更加坚强,勇敢前行。

不止一次，我努力尝试

在古筝考级中考出十级是我的目标。为了这个目标，我努力前行，不找放弃的借口，用自己的全力去完成它。就像一艘遇上了鲨鱼的小船，再怎么样，也要用仅有的食物将鲨鱼引开。

又一次古筝考级，当我的手压在紧绷着的琴弦上时，我想这次我一定要成功。可是我弹出的乐曲声音却犹如鬼在歌唱般混乱，没有开头，也听不出结尾。声音没有强弱，也没有快慢，好像是一只机械手在上面慢慢挪动。它们没有感情，没有生机。这一曲弹完，虽然老师没有说我，但我却好比从最高的山峰，一下坠落于深渊，像一只全身上下遍布伤痕，却无人关注的小小鸟，失去了本应该有的欢乐和活泼。

在那时，我心中那条直登顶端的近路变成了两条，一条可以顺利地继续往下，一条却要费尽心力往上。这时我心中又传来了两个声音。"别犹豫啦，快走往下的那条路吧！那条多容易啊！"一个声音这么说。而另一个声音却大喊着说："胡说，她本来就想考出十级，怎么可能往下走呢？只有往上走才可以成功。""没错。"我对自己打气道。于是下山路碎裂，只留下了上山那条。我的目的不就是考十级吗，怎么能往下走呢？我大吼一声，又慌忙练习了起来。

　　手指在我眼前不停晃动着，没有一丝要停下来的意思。我越弹越快，越弹越精神，越弹越有感情。而那感情，不是乐曲本身所拥有的，而是因为不止一次的失败所累积起来的情感。那情感蕴含着我必胜的希望，为我打造出了不一样的精神世界。我就好像一只即将拍打翅膀飞向远方的小小鸟，充满了自信。

　　当我又把手压在紧绷着的琴弦上时，我明白我这次一定能行。因为我心中热血沸腾，充满了自信。我的手指在琴上飞舞，只听声音时而如小溪潺潺流，时而如黄河翻涌而来，时而又如大海般波涛汹涌，一望无际。我好似一只小小鸟踏出了爬上高峰的最后一步，真的从深渊中爬上来了。那鸟儿的心中已无所顾虑，现在要做的是克服其他困难，因为它此时已经克服了自己，完成了自己曾经想也不敢想的事情，成为了一只创造奇迹的鸟儿。

　　是呀，只要坚持不懈，总能攻克难关，总能获得胜利，坚持总是能创造奇迹的！

稻之景

"金风瑟瑟，红叶萧萧。"秋之美，最美还属稻景。我永远忘不了秋天的稻田那独特的美，现在仍旧在我心中泛起阵阵涟漪。

走在路旁，望向田野。只见金黄金黄的稻田，似一望无际的金色草原，更似那波澜壮阔的闪闪发亮的海洋。田野不平坦，时常有几座小山丘伫立其间，它们一波一折，略带坎坷，不时出现的小山丘似那海洋上不断翻腾的浪花，让稻田的海洋显得不那么平静。一颗颗稻谷远望过去已分辨不出来了，它们是那样渺小，但却组成了一大片丰收的稻田。这让我想起书中的一句话："海之所以那么一望无际，是因为它容得下每一滴水。"稻田不也是这样吗？如果这里仅是一片旷野，里面没有一颗稻谷，便也组成不了这幅美景。

走近稻田，我发现已有一块被割去了，让我正好能走得更近些。从近处看，稻谷也没有那么整齐，有些倒在稻堆中，有些甚至倒在田埂中央，已被人踩了一脚又一脚。放眼望去，一颗颗稻谷此时格外饱满，似乎每一颗都迫不及待地等着人们将它割去，成为"盘中餐"。我就这样向里走，不知走了多久，我走到了尽头。噢！不，那并不是尽头，更大片的稻田出现在我的眼前。远处的稻田就像一块金黄的地毯,等着谁从那上面缓缓地走过,走向一个无人知晓的地方……

我向回走,路边是零零碎碎的杂草,渐渐地,那草慢慢在我眼中消逝了。我走上一座野山从上向下看,真是"会当凌绝顶,一览众山小"。那一片片稻田,在此时成了村庄的装饰物,似一串串金饰品,嵌在村庄周围。天依旧是那样的神秘,但稻田那金黄的色彩却好像映在蓝天之上了。因为不管在哪里,都能找见那金黄的稻穗,都能看见那与众不同的色彩。

人生也正如此,虽然总会有些曲折,有些坎坷,但是只要你向着胜利的曙光不断地冲刺,不断地寻觅,就能遇见最美的景色。

在我的脑海里,稻田的景象仍然是那么耀眼,因为那告诉了我人生的道理,让我不断向前冲。

颂　梅

　　"墙角数枝梅，凌寒独自开。"一棵平平无奇的蜡梅，迎着寒风，虽普普通通，却让我悟出了点道理。

　　蜡梅是那样坚忍不拔。走近那棵蜡梅，它孤独地立于泥上，无人陪伴。但它又是那样与众不同，花儿还没有开，可仔细寻觅，却已有累累的花骨朵儿了。现在正是冬季，寒风凛冽，蜡梅挺直腰板，将那份低调的美与阵阵清香带到人世间。

　　蜡梅慢慢舒展开一片片花瓣，香味不浓，却在冬日里将芳香赠予了人们。树枝古朴，花蕊娇嫩，花蕊并不故意显示自己的地位，只是默默将气味传递开去，努力在自己生存的日子中，为更多人闻到幽香尽自己的一份力量。

　　这让我想到了以前的自己。那时我总是因为获得了一丝成就，博得了一阵掌声，就急着向老师汇报。总是还没有做完一件事，立刻又去做另一件事情，一次又一次，反反复复松懈。为了能做更多的事，并没有为事情而去做事情，只有表面功夫，却没有像蜡梅那样深入泥土底下，一心一意为人世间带去好处。

　　后来，当我再遇到这棵蜡梅时，我明白了，不管做任何事，都应该学习蜡梅，不断坚持，不断努力，默默地帮助身边的人,给他人带去光明与温暖。

　　"待到山花烂漫时,她在丛中笑。"正是因为在生活中,有一群像蜡梅的人,世间才会有一片片芳香。我也要像蜡梅那样,默默成长,乐于助人。

厨神当道

"哇！怎……怎么这么滑、这么软,这……这怎么烧啊?"就在几天前,一锅举世无双的豆腐鱼被我以"快刀斩乱麻"之术烧出,令家里人赞不绝口。这究竟是怎么一回事呢?请由我为你介绍。

一进厨房,一大堆不知名的小东西已被整整齐齐地摆放在我面前,它们似乎精神饱满,等待着我的指挥。我一挥手,先将一盆豆腐鱼拉到了我面前。我找到剪刀,一手拿住鱼,一手抓起剪刀,打算将鱼剪开。本以为事情就是如此简单时,"滋溜——"一声响,鱼儿在我自夸之时溜到了地上。几分钟之后,它总算又回到了我的手中。

我剪开它们的头和肚子,把它们身上的"财产"一抢而空,并且清洗得干干净净。鱼儿不再挣扎,好像世界已突然无声了。我洗干净全是血的手,继续对付小鱼儿们。我把鱼儿重新拿起,将它们在"咔咔咔"声中"碎尸万段"。没过多久,一盆豆腐鱼就展现在了我的面前。我把它们放置在一边,又回过头来"杀害"葱。

葱并不像鱼那样会挣扎,它就好像一块安静的玉石,一动也不动。我放下菜板,拾起菜刀,挥舞着攻击大葱,一棵、两棵、三棵……"嚓嚓——"只见切完的葱就像一片绿色草坪，上面没有人，没有花，没有动物，很荒芜。

在一阵菜刀声响后，所有配菜都已变成小块的了。我打开煤气，点起火苗，一股热流迎面而来。油马上被倒在了锅中，它们吐着泡泡，像在与我示好，也好像在宣战。

我把准备好的鱼倒进锅中，油飞溅了出来，溅到了我的脚上，令我抱着脚喊痛了好一会儿。但没办法，为了不炒糊，我只好用铲子翻炒起来。翻炒一番后我信心大增，加快了手上的动作。

我打开酱油的瓶盖，走到锅前。因为有之前被油溅的阴影，所以我小心翼翼地将酱油一点一点倒了进去。锅里时不时传来"滋——滋——"的声音，弄得我胆战心惊，不敢轻举妄动。一阵香气传来，我知道这暗示着我可以加豆腐了。我在锅边左右摇晃，想着应该如何下豆腐。做好心理准备之后，豆腐跑了下去，慢慢变色了。

接着我在锅中放入了加饭酒，让豆腐鱼的味道变得更加鲜美。紧接着香葱也鱼贯而入，使气氛变得欢快有趣。在烧煮了一会儿之后，一盘香喷喷的豆腐鱼被我盛了出来。味道鲜美，与众不同。

家人尝过豆腐鱼之后，连连称赞，都说我是"厨神"。

这一次烧菜的经历，激励着我要多尝试坚持、仔细……

大大小小的脚印伴我成长

　　在我成长的旅途中,有一串大大小小的脚印,每一个都与众不同,每一个都记录了我成长中发生的事,而点点滴滴就逐渐汇成了一长串脚印。那之中有喜、有哀,有欢乐、有痛苦,但每一个都让我成长了一小步,告诉我一个新的道理,让我向前继续冲刺。

　　我总爱问妈妈,问小伙伴:"我哪儿成长了?"他们总会回答:"只要你细细观察,一定就能发现!"

　　我便去问爸爸。爸爸指指我的作业本:"你的作业做得更快了,字写得更好看了,不像以前那样龙飞凤舞了。还有,你变得更认真了,这都是'认真的脚印',会帮助你成长。之前你一次又一次被要求重写作业,一次又一次被我们责骂。但是你可要感谢这些'丑陋的脚印',都是它们让你累积出经验,帮助你成长。"

　　我似乎感觉我背后的脚印又添加了几个。我又去问妈妈。妈妈指了指墙上一个又一个的"正"字说:"你看呀! 你变得更自觉了,上面这一个又一个的'正'字不都是你打卡变成的吗? 它们就是你变自觉最好的证明。还有这些书,不也是你一天又一天看完的吗? 它们伴着你成长,是许多个'自觉的脚印'。还有一些是你'不认真的痕迹',虽说它们是坏的印记,但你也因为它们而变得自觉,懂得了道理。"

爸爸妈妈说的好像非常有道理,但我似乎还在茫茫大海之中,未曾归岸。我突然想到了什么,跑到同学们身边,询问他们的意见。好朋友托着下巴仔细思索,给出了一个令我出乎意料的答复。她把我叫到两把小椅子旁边对我说:"这确实是一个细小的变化。想想吧,你从说话不流利,到表达通顺自然;从没有责任心变成有责任心;从学习成绩差,变成学习成绩好。这是多么大的跨越呀,你难道看不出来吗?换一个角度说吧!你每一次的退步,其实就是你的一点成长。比方说你某次考试考得差,那你不就会去努力,从而进步吗?"

他们的观点似乎都很相似,让我真正明白了:不是找不到成长的印记,而是没有在认真观察。成长的细节,无处不在!

待到天亮再灭

床头，忽闪忽闪地亮着一盏灯，那是我勇敢向前冲的象征，也是我成长路上特别的礼物。望着它我便想起了那件往事……

小时候一次儿童节前，父母说我岁数不小了，该自己睡了。我很是不情愿，躺在床上，房间没有了白天那样充满温暖的感觉。天是那样黑，好像床底下、地板里都藏着怪物，随时要把我拉下去似的。母亲笑了，轻轻说："那给你买盏灯吧！开着灯，房间里就不会那么暗了。"我在屋中徘徊，一边心中细想：如果答应，那就得自己睡了；如果不答应，那总有一天还得接受。思忖片刻，这桩事总算解决了。

儿童节那日，母亲将一盏猫头鹰造型的灯递给了我。"喏，这下可得自己睡了，小猫头鹰会陪你的。"我的心平静了许多，接过来定睛一看，灯的外形倒是很朴素，猫头鹰上方有一个橙黄色把手，摸起来冰冰凉凉，好像刚从冰箱里拿出来似的。在灯底下，嵌着一颗按钮。我好奇起来，便按了一下，只见猫头鹰灯发出白色的灯光，似一块晶莹剔透的宝石。同时猫头鹰肚子发出黄黄的光，灯光就像被点燃了的蜡烛，温暖着我的心，让我变得不再寒冷。

晚上，我把灯抱在怀里走上床。灯依旧是冰冰凉凉的，散发着白色的光，可我能感到那并不寒冷。把它放在旁边的枕头上，我望着那盏灯，此时的房间里似乎不再那么黑暗，因为我感到在黑暗的最深处，似乎永远都点着那盏灯。

它像一只鸟妈妈将我像小鸟一样抱住，陪我在梦中甜甜睡去，一直待到天亮才离开。

一觉醒来，灯已经灭了，天也渐渐亮了，小鸟的叫声唤醒了大家，房间里不再黯淡无光，窗前射入了第一缕阳光。我静静望着窗外，心中的火仍然没有熄灭。我不再害怕了，因为灯光赐予了我最奇妙的礼物。我知道，在黑暗的深处，始终有一盏在发光的灯会帮助我，我只要不断向前冲，终究能找到那盏发着光的灯。

那盏灯依旧亮着，虽已变旧，但我的心却没有黯淡……

周懿涵

家乡的西小河

"生活中并不缺少美,只是缺少了发现美的眼睛。"所以,快跟我来品味我家乡的西小河吧!

家乡的西小河清澈见底,河里的小鱼小虾时而在河底游来游去,时而玩着捉迷藏,时而吐出一串串水泡。岸上的孩子们更是兴奋不已,有的在岸上玩游戏,有的在捉小鱼小虾,还有的在浅水滩里嬉戏玩耍。

西小河上有一座石拱桥,叫谢公桥,上面铺满了青苔,很好看。有很多外地游客在桥上停留,观赏美景。从桥上遥望,西小河上有很多路灯,照得西小河绿里透黄。再往远处望,可以看见府山和山上的塔。桥上的花香常常勾住小朋友的脚步,让他们都来闻花香。

西小河附近的居民都特别好客,只要你上了谢公桥,他们就会来桥上迎接,并把你接到他们家里歇歇脚,还会拿来绍兴的特产臭豆腐让你品尝。那绍兴臭豆腐一口咬下去,汁水就会充满整张嘴,可香了。

西小河美丽的风光和热情的民风真让我难忘,我已经迫不及待再去一次了! 你呢?

二十年后的家乡

　　光阴似箭,日月如梭,转眼之间,我在异国他乡已经生活了二十年。"独在异乡为异客,每逢佳节倍思亲。"在国外的每一天,我都在思念家乡。今天趁休假,我终于回到了阔别已久的故乡——绍兴。

　　乘坐着自己研发的超音速飞机,半小时后,我就降落在绍兴的停机坪上。一下飞机,我就惊讶极了,这还是我记忆里的那个绍兴吗?高楼大厦鳞次栉比,道路干净整洁,到处是绿树鲜花,空气中弥漫着花香的味道,我深深地吸了一口气。抬起手一看表,现在应该是八点早高峰,咦?原本堵在一起的一辆又一辆的车呢?现在的大马路上再也没有堵塞的汽车了,一路畅通。原来现在的小车可以在陆地上跑,可以在水上浮着,还可以在天空上飞。汽车尾巴上还能喷出保护环境的自然香薰,让城市每天都香喷喷的。我抬头一看,一辆小汽车正从我头顶缓缓驶过,透过车窗户一看,那驾驶员似曾相识,好像是我二十年前的小学同学小言!

　　不知不觉来到母校门口,刚好有一群小学生蹦蹦跳跳地跑进了学校。为什么他们都不背书包?我好奇地走进了教室,只见他们从口袋里拿出一个小芯片插进书桌里,原来书桌是一块智能屏，在显示屏上一点，立刻呈现出了本节课要学的知识，原来书本的内容都在芯片里呀！

　　这节是体育课，可是外面突然下大雨了，要是在以前我们就失望极了，只能在教室里上自修课。可是孩子们蹦蹦跳跳地来到操场上，此时的操场正在慢慢下降，它居然下降到了地下，顶上拉上了一张巨大的"天幕"，孩子们来到地下操场，尽情地奔跑、跳跃。操场做成了自动升降式的，这真让我大开眼界呀！

秋的华尔兹

　　天气渐渐冷起来了,夏天轻轻地走了,秋姑娘轻轻地来到了人间,给田地铺上金黄的颜色,给果园添上了丰收的景象。

　　秋天的叶子有金黄的,有火红的,有土黄的……远看,像打翻了调色盘;近看,一片片叶子浮现在我的眼前,好似一只只金蝴蝶从树上缓缓地飞了下来,轻轻地落在了地上。小朋友们把它们捡起来,拿回家,做成树叶标本……你瞧,标本黄的如土,红的如火,金的如霞,绿的如碧玉。

　　秋天的花是那么鲜艳,有八爪菊、团菊、喇叭花和桂花,这些花有特别多的颜色。你瞧,小蜜蜂和小蝴蝶都来采蜜了,瞬间,一个小花园就变成了小蜜蜂和小蝴蝶的游乐场。养蜂人把它们采的蜜做成一瓶瓶的蜂蜜,人们吃了,红彤彤的脸上,露出了一丝笑意,养蜂人的脸上也露出了满意而灿烂的笑容。

　　小动物们的表现让我出乎意料。小松鼠心急如焚地爬到枝头,嘴里念念有词,好像在告诉大家:"秋天来了! 秋天来了!"它在树里造了一个小小的"家",接下来的事就没有那么简单了,它跳来跳去,拿了许许多多的松果放到自己的

"家"里。小熊赶紧囤积食物,小鸟们也都收集来小虫子,准备过冬了。

人们都穿上了羊毛衫,加了大风衣,准备好了厚衣服迎接冬天的到来。

秋天,像一曲美妙的华尔兹,优雅、动人地旋转着,带来丰富的颜色,也带来丰收的喜悦。

三亚的海

    三亚的海,是浩瀚的。站在沙滩上向远方眺望,海无边无际,大得看不到边。往远方看去,只见一条海平线与天相接,就似一幅出自大师之手的油画。

    三亚的海,是蔚蓝的。从高空俯视,海面以下八九米处的小鱼儿都可以看得一清二楚。整片海都是蔚蓝色的,在阳光的照耀下,显得十分耀眼,就好似一颗闪耀的、晶莹剔透的蓝宝石,装饰着金色的项链,这金色的项链就是那沙滩。在阳光的照射下,沙滩显得无比金黄,在它的衬托下,海也愈发美丽了。

    三亚的海,是淘气的。虽然没有风,但还是有白色的浪花向岸边涌来,好似一群顽皮的小孩你追我赶玩耍着,一边还发出“哗哗”的笑声。我伸出脚去迎接它,它轻轻拂过我的脚趾,没过我的脚背,爬上我的小腿,那感觉好像在给我挠痒痒。我一伸手想把它抓住,它又欢笑着退了回去,等待发起第二轮“袭击”。

    三亚的海,是热闹的。海面上不时有海鸥飞过,那白色的小身影是大海的点缀,它们时而追逐浪潮,时而展翅滑翔。海底,珊瑚丛生,各种各样的鱼儿穿梭其中。沙滩上,游人如织,有的在晒太阳,有的在玩沙子,到处是欢声笑语。

　　我在不舍与留恋中告别了三亚的海。它给我带来了美好的记忆,也鼓励我去开辟更美好的未来。

雪中即景

雪，是冬天的使者，是洁白的象征，是孩子们心中最美好的期待。2022年的第一场雪，就在孩子们的默默等待中悄无声息地来了。

那天早上起床，拉开窗帘，只见天地间灰蒙蒙一片，竟然飘起了雪花。下雪啦！下雪啦！我不由一阵窃喜。

雪下得并不大，如柳絮一般在空中飞舞，飘飘悠悠。它们是那样小巧，那样可爱，那样让人怜惜。这些白色的小精灵，在空中舞蹈，此刻，天地就是它们最好的舞台。它们一会儿跳圆舞曲，一会儿跳华尔兹，一会儿跳芭蕾舞。跳累了，它们就落到了地上，落到了树叶上，落到了花朵上，不见了……

渐渐地，雪下大了，此时大地间白茫茫的一片。雪花一大片一大片，如鹅毛，如棉花，狂舞一般毫无章法，急急忙忙扑向大地。不一会儿，草坪白了，大树白了，房顶也白了，大地变得银装素裹，真是"忽如一夜春风来，千树万树梨花开"。

虽然雪下的时间还不长，但足以满足孩子们对玩的渴望。耐不住性子的孩子，已经来到了操场，在雪中尽情地奔跑、欢笑。有的抓起青树上薄薄的雪，捧在手心里，像宝贝一样欣赏；有的抓起雪揉成团，打起了雪仗；有的滚起了雪球，堆起了雪人……

　　雪中风景,总是给人带来无限欢喜。我伸出手去拥抱这些白色的精灵,啊!晶莹如碎玉,我想把它留住,但它一转眼就不见了,化作了斑斑湿点。我忍不住跑进这个白色的世界中,让晶莹的雪花飘落在我的头上、脸上、身上,它们是那么清凉,使人心旷神怡。

《西游记》
——我最喜爱的课外书

　　在外国读者眼中，它是这样一个故事：一个中国和尚骑着白马去西方探险，带着名叫沙僧的仆人。为了打发旅途的寂寞，他还带了一只宠物猴子和一只宠物猪上路。

　　它是一部小说，在中国家喻户晓，是中国的四大名著之一，它就是《西游记》。这部小说是由元末明初的吴承恩编撰的，讲了唐僧师徒四人去西天取经，经历了九九八十一难，最后取得真经的故事。

　　这部小说中的人物个性鲜明，有疾恶如仇、机智勇敢的孙悟空，有天生慈善心肠、诚实善良的唐僧，有好吃懒做、贪图小便宜的猪八戒，还有忠厚老实、任劳任怨的沙僧。

　　其中，我最喜欢孙悟空。他原本是一只猴子，因为大闹天宫被如来佛祖压在五指山下后得到观音菩萨点化，被唐僧解救，去往西天取经。他勤奋好学，武功高强，通过拜师学艺，腾云驾雾、七十二变等本领通通都学会了，甚至在大闹天宫的时候，被关在炼丹炉里，还练就了火眼金睛，能分辨出妖怪的伪装，看出妖怪的真身。这些本领在取经路上发挥了很大的作用。

　　这部小说给我留下印象最深的是"三打白骨精"的故事，白骨精依次变成了妇女、老公公和老婆婆来欺骗唐僧，都被孙悟空识破了，用金箍棒把她打得四处逃窜。孙悟空是那样疾恶如仇，他用火眼金睛看出对方是妖怪后，绝不心慈手软——即使唐僧在旁边劝阻，他也坚定自己的信念。当遇到用尽自己所有功力也解决不了的妖怪，孙悟空会想方设法去寻求帮助，土地老儿、观音菩萨……如果需要，他一定不辞辛苦去请，纵使万水千山也阻挡不了。

　　除此之外，我还喜欢猪八戒。也许你会觉得猪八戒长得不好看，肥头大耳，本领也没有孙悟空强，但我觉得，因为有他的存在，整个取经路上才有了乐趣。他因为贪图女色，在高老庄闹了许多笑话，在五庄观里偷吃人参果，甚至走路走不动了就开小差不想去取经了……因为有了猪八戒，这部小说多了不少趣味。

　　这部小说的四个人物缺一不可，在取经路上，他们是一个团队，一个整体，他们团结一致，克服了种种困难，最后取得了真经。《西游记》这部小说值得一看。

路在脚下

　　人的一生,也许对自己来说是坎坷的,但我坚信,每个人都有属于自己的道路,我们要做到的,就只有坚定自己的想法,做好自己,不要轻易被别人的意见干扰,人云亦云。"敢问路在何方?"我想说:"正在脚下。"

　　人生之路可能是坎坷的。总有许多"拦路虎"在你眼前闪现,可能是突然袭来的病痛,可能一落千丈掉进了深谷里,可能失去向前走的信心。但你千万不要慌张,"山重水复疑无路,柳暗花明又一村",也许在某一缕阳光中,就能找到一条生机勃勃的道路。

　　人生之路也可能是充满希望的。当你在向一个目标努力前进时,你肯定会专心、专注,这时时间也会慢慢拉长,再拉长。在前进的途中,你可能会取得一个心仪的成绩,那么通往这个目标的道路也就充满阳光。在人生中,如果找到一个目标,就要努力向前驶去,完成自己的终生目标。

　　人生之路必定是漫长的。古人说:"学无止境。"在一条通往目标的道路上,其实没有终点站,所以,千万不要半途而废。即使这条路上没有你想要的风景,也不要轻言放弃,只要坚持往前走,一定会海阔天空。

　　人的一生，一定要坚定前行，你可以闯出属于自己的路，可以闯出自己的精彩。

得到陶泥之后

　　无数的爱,让人世间有了喜怒哀乐、阴晴圆缺。爱可能是一个实物,也可能是一个虚体,但是它会创造出许多可能,爱是神奇的。

　　通过一件事,我真正体会到了老师口中、文章中提及的,充满温情的母爱。

　　那是一个炎热的下午,天空还是那么蓝,但是却悬挂着一个似大火球的、金灿灿的太阳。小草无力地趴在了地上,原本艳丽的小花也垂下了头,教室里的我们,也感到烦闷。突然,美术老师传达了一个消息:明天美术课要带两块陶泥。等到放学,我就蹦到学校对面的几家小便利店,眼睛在货架上仔仔细细地"扫描"了大概三遍,都没有发现陶泥的踪迹。"听同学说这儿有的呀?"我不禁嘟囔了几句,跟着我又仔仔细细搜寻了一遍,发现还是没有,便问了几家店的老板,她们都摇摇头,双手一摊。

　　在回家的路上,我打电话给妈妈,但得知今天妈妈加班,不能去给我买。到家后,我满脑子都是明天美术老师骂我的样子,做作业也心不在焉,晚上到床上还在想这件事,难以入眠。

　　第二天，当我早上一觉醒来，发现床头有两块棕色的陶泥。"哇，陶泥！"我跑进妈妈的房间，一下扑进妈妈的怀里说："妈妈你太好了！"看到妈妈还有些疲惫的神色，我心里一阵阵酸楚。"我昨天放弃了客户，在每个文具店里一通找，才终于在一个小角落里找到了你要的陶泥。"妈妈说完，我感到很心疼，眼泪止不住往下流。

　　生活中，处处都有母爱，任何事都少不了母爱的伟大之力。

外婆的肩膀

　　微风轻拂过脸颊,吹起无数的思绪。有快乐,有悲伤,有迷茫,但唯有外婆的肩膀是我内心深处永不磨灭的暖意来源。

　　从我有记忆开始,外婆的肩膀就是我最温暖的摇篮。每当我睡不着时,外婆总会把我抱在怀里,让我枕着她温暖的肩膀,那时的肩膀是那样柔软。那样舒服,我就像豌豆公主那样,在外婆的肩膀上熟睡了。

　　上幼儿园了,外婆抱不动我了。每天放学外婆都会背着我回家。随着外婆的脚步,她的肩膀上下起伏,像平静的海面微微起了波澜。我在这微波荡漾中,向外婆诉说着一天的快乐,那是我最幸福的时光。

　　我上了小学之后,外婆背不动我了。每天一放学,外婆就会顺手接过我的书包,背到她的肩膀上,我觉得外婆的肩膀仍然力大无穷,直到那一次——

　　四年级期末的最后一天,我得把自己所有的东西都搬回家。我把平常不用的品德书、历史书……都塞到了书包里,书包一下子鼓鼓囊囊的,仿佛拉链都要裂开来了。这还不够,我又装了两个袋子,才把全部的"家当"收拾完。

　　校门口,外婆早已在等候,她快步小跑过来一把卸下我身上的书包,我还没来得及告诉外婆,今天书包很沉,我自己来。只见她蹲着身子,用力把书包往身后一甩,书包像小山一样压在了外婆的肩膀上。这个时候,我第一次发现,外婆不是每一样东西都背得动,外婆的肩膀不是巨人的肩膀。风吹过她头上的白发,我发现她脸上的皱纹又增加了。她佝偻着身子,背着沉重的书包,手中还拎着两个大袋子,每一步都走得很艰难。我哽咽了,忍不住叫道:"外婆!"外婆似乎读懂了我的心思,朝我摆摆手,用力笑成了一朵花,说:"没事! 走吧,我能行!"

　　绿叶会枯黄,会坠落,但我们不会忘记它在夏日里为我们带来的荫凉。外婆虽然老了,但她肩膀的温暖我会永远记得。外婆对我的爱,我也会永远感恩。

那一刻，我长大了

　　每逢夜晚躺在床上，我都会想起假期里的那件事。因为我知道，那一刻，我不再是父母眼中稚嫩的小屁孩了，我长大了！

　　这次寒假很长，我们一家去旅游前，是老妈最辛苦的时候，这几天她经常起早贪黑地出去工作，想和她聊几句都插不上嘴。

　　这天晚上，我照例躺下睡觉，不知怎么了，我突然从美梦中醒了过来，我睡眼惺忪地揉了揉眼睛，发现外面还开着灯，我一边嚷嚷："怎么外面还开着灯啊？"一边摸到身旁的平板，屏幕上的电子时钟显示着：凌晨2点15分。我大吃一惊，心想，天啊！妈妈不会现在还在外面工作吧！

　　我蹑手蹑脚地打开房门，看见妈妈竟趴在账本堆里睡着了！在暖黄色的灯光下，妈妈的模样被照得格外清晰：眼角的皱纹不知什么时候又加深了，原本乌黑的头发变成了浅棕色，白发在其中张牙舞爪地伸展着。

　　看着妈妈疲惫的睡姿，我突然间懂了：大人的生活是苦的，他们看似风光的背后免不了辛苦，天不亮就起来，回到家倒头就睡。想起以前理所应当地要求妈妈买这买那，想起以前对她的不满和脾气，我不禁有些后悔。

想到这里，我轻手轻脚地从房间里抱来一床毯子，轻轻盖在妈妈身上。听着妈妈沉重的呼吸声，希望她明天一早醒来，疲惫全消。

那一刻，我长大了……

外婆家

　　无论是高耸的高楼，还是无比漂亮的艺术建筑，它们外表十分华丽、闪耀，但在我心中，它们根本比不上外婆家的老屋子。

　　外婆家的老屋子很旧，里面的家具非常简朴，听说这幢房子是从妈妈开始创业时开始住的，已经住了很久，大多家具都盖上了一层灰，铁器都生锈了。房子里有四个房间，外公的卧室里摆着一台老式的电视机，还有一张极小的床，只能供一人勉勉强强睡上去，还会发出"嘎吱嘎吱"的声音。外婆的房间稍稍大一点，有一张双人床，四周有防蚊的纱帘。钉在地板上的铁杆好像也摇摇欲坠，发出"咔啦咔啦"的声音。旁边挨着个小阳台，我喜欢的玩具都堆在那里。

　　这间房子虽然非常陈旧，但它给我留下了深刻的印象。童年的时光里，我住在外婆家，外婆点点滴滴的关爱和热情令我难以忘怀。

　　外婆一向对我很关爱、很宽容。我从中班开始就接受了许多教育，每天放学回家，吃过晚饭，都会去上各种各样的培训班。我印象里只有外婆，大风大雨天会准时来接我，宁可自己感冒，也坚持把伞递给我；每次看到我从幼儿园回来，她总让我去外面玩；小时候不敢一个人睡觉，她就给我做"人形靠背"，让我睡上个安稳觉。外婆的陪伴，就像太阳一样温暖；外婆家的老房子就是温馨的港湾，为我遮风挡雨。

如今，我已经搬到了宽敞明亮的大房子里，里面的一切都是崭新的，但我却无比想念外婆家的老房子和那段温暖的童年时光。

"厨神"上线

金灿灿、嫩滑的炒蛋,红彤彤、甜蜜蜜的西红柿,都出自小周大厨的番茄炒蛋,这道菜赢得了一家五口的交口称赞。各位别急,请听我娓娓道来。

这个寒假比平常的寒假天数都要多,作业也特别少,所以在爸妈都生病的时候,我准备做一道我喜欢的番茄炒蛋给他们吃。

新鲜的鸡蛋在我手中只是个小玩意儿,在碗边用力碰两下,"噗"一下,蛋黄和蛋清就沿着碗壁流了下去,舀半勺盐在碗中,再拿出失传已久的家法——似光的手速"嗒嗒嗒"搅拌,没过一会儿,蛋清蛋白就完美融合在了一起,成了黄澄澄的液体。

随后,我弯着腰,打开水龙头,水如清泉般流淌出来,我轻轻地把西红柿上的污垢清洗掉,然后拿出"屠龙刀","嚓嚓"几下,只见几道光影后,切好的西红柿就精准落入碗中。打开煤气,只见一团蓝色的火焰在锅底燃烧着。等水在锅里没了踪影,再把油倒进锅中。"呀!"一不小心,油倒多了,不过没关系,一切已准备就绪!

我胆战心惊地把西红柿倒入锅里,瞬间,比雷声还响的声音,伴随着热油融合在一起朝我袭来。我强装镇定地拿起铁铲上下翻炒起来,一边炒,一边把蛋液也倒进了锅里。又是一阵似雷声的响动声,蛋液在锅中瞬间变得金黄,立刻凝固了。我用铁铲把蛋翻过来翻过去,在慌乱中把蛋分块。经过一番努力,一道焦黄诱人的番茄炒蛋就做完了。

　　从此,我的番茄炒蛋在家里出了名,我成了"远近闻名"的"厨神"。

掌声响起来

　　掌声,意味着赞扬,意味着表扬,意味着鼓励,是一架通往心灵的桥梁。它让人不甘堕落,不郁郁寡欢;让人学会欣赏自己,热爱生活。

　　记得有一天,天气炎热,骄阳似火,我们坐在教室里画画。同学们都热得脸蛋通红,汗流浃背,根本做不到大人们所说的"心静自然凉"。我拿着画,静静走到老师身旁的凳子边坐下,听着老师的点评。但这时我听到了令人意想不到的一句话语:"涵涵,学校请你三个星期后去大厅弹钢琴,请你提前做好准备。"

　　直到放学,我才缓过神来,立马跑向琴行。到了琴行里,我把这个喜讯告诉了老师,回答我的只是老师的微笑和翻书的声音。

　　就这样,我每天练习,一句句、一遍遍地弹。很快,一周多时间过去了。但一次练习中,我怎么样都达不到想要的效果,几乎快要自暴自弃,可老师不但没有批评我,还为我鼓掌加油,仿佛告诉我:"做事必须坚持,坚持,再坚持。"

　　过了两星期,我的曲子大有长进,虽然偶尔有些小疙瘩,但我已经自信满满的了,满脑子都想着要去表演了。

终于等到了表演的那一天，我穿着漂亮的裙子，开始弹钢琴，同学们在我身旁走过，我不小心弹错了一个音。正当我有些忐忑时，同学们不但没有在意，反而向我露出鼓励的笑容，让我更有自信地完成后面的部分。

回到班级里，听到一阵阵雷鸣般的掌声向我涌来，我心中充满了暖意和能量。掌声，是通往心灵的桥，让我们更加期待未来。

当我面对鲜红的57分时

我慢慢抬起头,眼泪在眼眶里打转。"你都考成这样了!把我们家长的脸都丢光了! 你认不认错?"看着妈妈拿着试卷生气的样子,当时快二年级的我,在惨痛的教训中明白了一个道理。

事情源于一次考试。"这个星期五要考试了,我的'小祖宗',考上95分,就带你去玩啊!"早上,我隔着梦境听到了这个消息,一睁眼,老妈的大脸就出现在我眼前,我险些被吓了一跳,然后想起她刚说的话,马上蹦下了床。

我在上学路上都在想这个消息,绞尽脑汁地想知识点,但一点儿也想不起来,我想:"算了,算了,到学校再复习。"

我坐到座位上,书翻开了,却心不在焉。整个早自修,我根本没有复习数学,而是一直在做白日梦,在想象一个个好玩的地方。

到考试的时候了,我在心中默念道:专心做题,认真检查。可说是这样说,做的时候,我还是心不在焉,到了快收卷的时候,还想着之后的五一假期。

星期一,成绩公布了,"呀! 我只考了57分,怎么会这样呢?"我立即把试卷合上,好多同学都围在我座位旁起哄。

　　回家路上,外婆问我考试的情况,我只能硬着头皮说没考。回到家,我本来想马上吃好饭上课去,却没想到爸爸妈妈竟然回家了,妈妈笑着问我:"小'祖宗',今儿考了多少分?"我没说话,边哭边吃,泣不成声。妈妈从书包里拿出试卷,呀! 大大的分数印在卷面上。"什么? 才考了57分?!"外婆的眼神里也满是责备,我的心一阵痛。

　　夜里,一个人躺在暖暖的被窝,我想到了老师常说的一句话:"学习不要怕遇到困难,重要的是学习的态度和努力的过程。"这次考试告诉我一个深刻的道理:做事不要三心二意,专心致志最重要。

运动会

"加油！加油！"是什么声音,让整个校园热闹了起来？原来是一年一度的运动会正如火如荼地进行着。

看,100米决赛马上就要开始了,运动员们各自做着准备活动:有的气定神闲,似乎胜券在握;有的表情严肃,不安地走来走去,显得有些紧张;还有的像"老将"一样,伸伸腰,压压腿,一副久经沙场的模样。

运动员们已经在跑道上做好了准备。"各就各位,预备,跑",随着裁判的一声令下,运动员们像箭一样飞了出去,5个运动员不分上下,旗鼓相当,跑过我身边时,甚至能感受到一阵旋风,带着一股"杀气"扑面而来。渐渐地,有两匹黑马冲在了队伍的最前面,冲在最前面的是一个七班的女生,只见她两眼瞪圆看向终点线,双手飞快摆动,双脚像上了发条似的。冲在第二的是我们班的小高,她穷追不舍,一副想要超越的架势。"加油！加油！"我们激动地大叫起来,小高似乎也听到了,她跑得更快了,我甚至已经看不见她腿的动作,只看到模糊的影子。

眼看就要追上了,可冲在第一的那个人好像意识到了危机,小宇宙瞬间爆发,飞速向终点线跑去,一个大跨步冲过了终点线。全场立刻爆发出了一阵雷鸣般的掌声。我们班的小高最终位列第二,但是我觉得她虽败犹荣,因为她在追求"更高、更快、更强"的道路上奋力拼搏了!

　　这场运动会真精彩啊,不但看到了惊心动魄的比赛,还学习到了运动员们努力拼搏、不言放弃的精神。